关东军第七三一部队实录

外文出版社
FOREIGN LANGUAGES PRESS

图书在版编目（CIP）数据

关东军第七三一部队实录 / 杨彦君著.
— 北京 : 外文出版社, 2016
ISBN 978-7-119-10139-2
Ⅰ. ①关… Ⅱ. ①杨… Ⅲ. ①日本关东军—战争罪行—史料
Ⅳ. ①K265.606

中国版本图书馆CIP数据核字(2016)第072391号

出版指导：徐 步 解 琛
策　　划：王 洋
作　　者：杨彦君
图片提供：杨彦君
责任编辑：文 芳 肖 刚
装帧设计：北京八度出版服务机构
印刷监制：冯 浩

关东军第七三一部队实录
杨彦君 著

出 版 人：徐 步
出版发行：外文出版社有限责任公司
地　　址：中国北京西城区百万庄大街24号　邮政编码：100037
网　　址：http://www.flp.com.cn　电子邮箱：flp@cipg.org.cn
电　　话：008610-68320579（总编室）008610-68996183（投稿电话）
008610-68995852（发行部）008610-68996181（编辑部）
印　　刷：北京飞达印刷有限责任公司
经　　销：新华书店 / 外文书店
开　　本：787mm × 1092mm 1/16　字数：150千　印张：10.5
版　　次：2016年9月第1版第1次印刷
书　　号：ISBN 978-7-119-10139-2
定　　价：48.00元

前言

PREFACE

“九一八”事变之后，日本逐渐侵占了我国东北地区。1933年，日本违背《日内瓦议定书》在哈尔滨秘密设立七三一部队。1938年，七三一部队移驻平房特别军事区域。七三一部队组织机构庞大，设有细菌研究部、细菌实验部、防疫给水部、细菌生产部、总务部、训练教育部、器材供应部和诊疗部，随后又设立了海拉尔支部、牡丹江支部、林口支部、孙吴支部、大连出张所和东京出张所，共有4500余人。七三一部队成为了日本策划、组织和实施细菌战争的大本营，是细菌武器研究、实验和生产的军事基地，是准备和发动细菌战争的策源地。

七三一部队违反国际法则和人道主义秘密实施了大规模人体实验、动植物实验和毒气实验，强制使用大量中国人、苏联人和朝鲜人作为受试者进行了惨无人道的细菌感染、冻伤实验和活体解剖，研制了鼠疫、霍乱、炭疽、鼻疽等至少50种细菌战剂，完全背离了生命伦理、医学准则和职业道德，走向了反人性、反文明、反伦理的罪恶深渊。

二战期间，以七三一部队为罪魁的日本细菌战给中国人民带来了重大灾难和严重危害。侵华日军在黑龙江、吉林、内蒙古、山东、江西、浙江、湖南等地实施了大规模细菌战。这些大规模的细菌战致使以上地区爆发鼠疫、霍乱、伤寒等烈性传染病，尸横遍野、万物萧条，给我国人民带来重大人身伤亡、经济损失和精神痛苦，造成了难以想象的人间灾难，严重危害了自然生态和人类生存发展环境。

1945年日本投降，七三一部队绝大多数人员逃回日本，美国以豁免七三一部队战争责任为条件，得到了人体实验、细菌战数据资料，七三一部队逃脱了远东国际军事法庭审判。七三一部队极少数成员被苏联红军俘虏，苏联在哈巴罗夫斯克对12名日本战犯进行了单独审判。这些原本应该接受惩罚和审判的日本战犯，战后脱掉恶魔的外衣堂而皇之地在日本政府机构、军事部门、医疗机构和大专院校担任了公职。七三一部队成员在战后成立了平房战友会、东乡战友会、平房三角会、加茂会、古城镇会、铃兰会等，堂而皇之地开展各种纪念活动，积极活跃在日本社会各界。七三一部队绝大多数成员保守战时犯罪机密，拒绝接受媒体采访，至死未作公开反省，但也有少数成员开口说出了当年的事实和历史的真相。

七三一部队旧址现为全国重点文物保护单位，这是人类痛苦的历史见证，是残酷的战争留下的特殊记忆，保护好七三一部队旧址，使其承载记录历史之责，担当祈愿和平之任也是全社会的共同责任。编撰《关东军第七三一部队实录》，揭露七三一部队的人权犯罪、战争责任和医学暴行，既为记录历史，又为警示未来。

目　录

CONTENTS

目　录
CONTENTS

第一章 石井四郎与七三一部队

一九二五年六月十七日，日本、美国、德国等三十七个国家在日内瓦签署『禁止在战争中使用窒息性、毒性或其他气体和细菌作战方法的议定书』，即『日内瓦议定书』。日本政府虽然于一九二五年签署了议定书，但是日本军队违背国际公约多次在战场上使用化学武器和细菌武器。

1925年6月17日，日本、美国、德国等37个国家在日内瓦签署《禁止在战争中使用窒息性、毒性或其他气体和细菌作战方法的议定书》，即《日内瓦议定书》，其中明确规定："鉴于在战争中使用窒息性、毒性或其他气体，以及使用一切类似的液体、物体或器件，受到文明世界舆论的正当谴责，鉴于在世界上大多数国家缔结的条约中已经宣布禁止其使用，为了使这项禁令被普遍接受为国际法的一部分，对各国良心和实践具有同样的约束力。兹宣告：各缔约国如果尚未缔结禁止这种使用条约，均接受这项禁令，各缔约国同意将这项禁令扩大到禁止使用细菌作战方法，并同意缔约国之间的关系按照本宣言的条款受到约束。"①

1972年4月10日，在伦敦、莫斯科、华盛顿开放供签署的《禁止细菌（生物）及毒素武器的发展、生产和储存以及销毁这类武器的公约》通过，条约明确："承认1925年6月17日在日内瓦签订的禁止在战争中使用窒息性、毒性或其他气体和细菌作战方法的议定书的重要意义，并且也意识到该议定书在减轻战争恐怖方面已经作出并将继续作出贡献。"②

日本违背国际条约秘密准备和实施细菌战

日本政府虽然于1925年签署了议定书，但是日本军队违背国际公约多次在战场上使用化学武器和细菌武器。据防化学院纪学仁研究员编著《侵华日

① 核化生防护大辞典. 上海：上海辞书出版社，2000：676.
② 核化生防护大辞典. 上海：上海辞书出版社，2000：680-681.

军毒气战事例集》[1]记载，1928—1945年，侵华日军使用了1919次化学武器，使用范围遍布黑龙江、吉林、河北、山东、湖南、河南等20个省份。侵华日军在战场上也使用了细菌武器，据公开资料显示，侵华日军在内蒙古呼伦贝尔，山东西部，湖南常德，江西上饶、广丰，浙江义乌、衢州、金华、宁波等地进行了大规模的细菌战，造成大量无辜平民、妇女、儿童的死伤。

1946年2月6日，在日本东京，美国德特里克军事基地陆军中校汤普森问讯了七三一部队第一任部队长石井四郎和第二任部队长北野政次。石井四郎承认了七三一部队开展了细菌战和细菌武器的研究，回避了经费来源、官方许可及其他机构配合细菌研究等问题，而北野政次的态度更为积极一些，较石井四郎更为配合汤普森的调查。下面是汤普森和北野政次的对话：

汤普森问：除哈尔滨外，哪个研究所还进行细菌战研究？

北野政次答：由于细菌战研究的保密性，其他研究所没有参与其中。

汤普森问：很难想象细菌战研究仅限于哈尔滨这一个研究所，因为日本同样机密的研究都是在多个研究所进行的。

北野政次答：细菌战研究是受限制的，日内瓦公约明令禁止，因此未经授权。

汤普森问：那是谁批准哈尔滨研究所进行细菌战研究的？

北野政次答：石井。[2]

北野政次在汤普森问讯时说出了违背国际公约进行细菌战研究，细菌战研究是受限制的，是日内瓦公约明令禁止的。北野政次面对美军调查还有相似的说辞，他在战后提交给美军的笔供材料中写道：“我认为细菌武器是对医学的逆用。它作为一个违背人道主义的问题，在国际裁军会议、国际联盟上

① 纪学仁. 侵华日军毒气战事例集. 北京：社会科学文献出版社，2008.

② 第441号反情报部队有关石井四郎的报告. 马里兰州：美国国家档案馆Ⅱ馆，184B条目，549盒.

常被提及……如果战胜的话，当然更没有必要使用违反人道主义、违背国际原则的细菌武器。战败的话，倘若使用细菌武器，反而会遗臭后世。细菌战脱离了医学的正轨，是一种逆用，违背国际人道主义，不应该使用。”[①]北野政次作为部队长完全清楚七三一部队从事和使用细菌武器是“违反人道主义，违背国际原则”，会“遗臭后世”，而在其任职部队长的1942年8月—1945年3月期间，正是七三一部队大规模生产和发展细菌武器的关键阶段，尤其令人发指的是七三一部队大规模使用了战俘和平民作为“人体实验材料”。北野政次的供词与其实际所为大相径庭，他的目的很明确，那就是掩盖细菌战、人体实验事实，逃避战争责任，逃脱远东国际军事法庭的审判。

细菌战元凶——石井四郎

1932年2月5日，对于哈尔滨人来说，是一个永远不能忘记的日子，是痛苦和悲惨的一天。在这一天，哈尔滨—这座融合东西方文化的大都会，生活着百万余人口的东北亚地区的交通枢纽，被日本侵略者攻陷，开始沦为殖民地，直到日本投降的1945年。同样是1932年，在日本东京，陆军军医学校设立了细菌研究室，这个研究室的实际负责人就是石井四郎。石井四郎何许人也?

石井四郎，1892年6月25日出生于日本千叶县山武郡千代田村。千代田村属于“加茂地区”，这也是七三一部队后来名为“加茂部队”的原因。石井四郎出生于地主家庭，是石井桂的第四子，死于1959年10月9日，67岁。石井桂的第一子石井彪雄，死在日俄战争战场；第二子石井刚男，千代田村农民，七三一部队创设之初在背荫河化名为细谷刚男做焚尸工，后为管理特设

① 北野政次．关于石井部队的介绍．马里兰州：美国国家档案馆Ⅱ馆，1947.

监狱的特别班班长，死于1956年7月4日；第三子石井三男，毕业于日本兽医大学，1939年以兽牧技师的身份来到七三一部队，一直担任器材供应部石井班班长，主要管理实验动物饲养室，死于1958年1月2日。石井兄弟三人都是知晓七三一部队机密的核心成员，石井四郎也正是利用血缘关系、姻亲关系、同乡关系、师生关系和同学关系来组建并扩大七三一部队的规模，以达到保密和保证战斗力的目的。这同七三一部队的军事性、秘密性和特殊性密切相关，这种人员招募方式在七三一部队建立和扩大过程中一直存在。

图1–1　石井四郎家族成员合影，石井四郎（后排右一）、七三一部队动物饲养班班长石井三男（后排右二）、负责管理特设监狱的特别班班长石井刚男（后排右三）。（侵华日军第七三一部队罪证陈列馆藏）

图1–2显示，1943年6月25日，"满洲第七三一部队高等官团"在本部大楼前合影，照片落款处写着"昭和十八年六月二十五日第八个创设纪念日"。6月25日是石井四郎的出生日期，1943年6月25日是七三一部队创设的第八个纪念日，那么1936年6月25日就是七三一部队的创立日。七三一部队少年队员昆虫班的小笠原明1994年在《七三一部队枥木展报告》中提供如下证言："6月25日是七三一部队创立纪念日。"这是七三一部队成员提供的关于七三一部队

设立时间最为直接、最为明确的证言。石井四郎的生日恰恰就是七三一部队的创设日期，1936年的石井四郎44岁，当时的军衔是陆军军医中佐。

图1-2　1943年6月25日为七三一部队第八个创设纪念日，"满洲第七三一部队"高等官团于当天在本部大楼前合影。（森村诚一著：《恶魔的饱食》第三部，角川文库2008年。）

石井四郎毕业于千叶中学，后升入金泽市第四高等学校、水户高等学校。1916—1920年，石井四郎进入京都帝国大学医学部学习，自此之后石井四郎走上医学之路，这也为其日后建立七三一部队奠定了医学基础。1921年1月20日至4月9日，任近卫兵师第三步兵团见习军官，军医中尉。1922年8月1日，调往东京第一陆军医院，1924年8月20日晋升为军医大尉。1924年4月至1926年4月，石井四郎重新回到京都帝国大学学习细菌学、血清学、预防医学和病理学，获硕士学位。在此期间石井四郎成绩优异，深得京都帝国大学校长荒木寅三郎的赏识，得以同荒木寅三郎的女儿结婚。1926—1928年，石井四郎调任京都卫戍病院。1927年6月，石井四郎凭其论文《革兰氏阳性双球菌的研究》获得医学博士学位，指导教师为木村廉教授。1928年4月至1930年4月，石井四郎远赴欧美搜集细菌战情报。据美国档案记载，石井四郎主要考察了埃及、希腊、土耳其、意大利、法国、瑞士、德国、澳大利亚、匈牙利、捷克斯洛伐克、比利时、荷兰、丹麦、瑞典、挪威、芬兰、波兰、苏联、美国、加拿大等国家[①]。石井四郎对历史上两次鼠疫流行特别感兴趣：一次是发生在公元520—565年间的查士丁尼鼠疫，“鼠疫流行持续50～60年，几乎蔓延到当时所有著名的国家，死亡约一亿人”[②]；另一次是发生在1346—1665年间的黑死病大流行，“鼠疫流行遍及欧洲、亚洲和非洲北海岸，尤以欧洲为甚。据推测当时欧洲大约有一亿人口，其中四分之一死于鼠疫。意大利和英国死者达人口的半数。”[③]石井四郎认为鼠疫菌如果作为武器具有极大的杀伤力，七三一部队研制细菌武器过程中始终把鼠疫菌作为最主要的细菌战剂，这是一种足以使整个人类灭亡的致命武器。

1930年石井四郎进入陆军军医学校任教官，这一身份一直伴随着石井四郎始终。1932年，石井四郎发明了滤水器，并申请了国家专利，即石井式滤水器，其被广泛地应用到日本军队，发挥防疫和给水的战时补给功能。1932年，石井四郎晋升为军医少佐；1933年任七三一部队第一任部队长；1935年8月1日，石井四郎晋升为军医中佐；1938年3月1日，晋升为军医大佐；1941年3月1日，晋升为军医少将。1942年8月1日，石井四郎被调往华北派遣军第一军任军医部长，北野政次军医少将接任部队长职务。北野政次，曾用名北野政藏，七三一部队第二任部队长，日本细菌战元凶，1894年7月14日生，毕业于东京帝国大学医学部，医学博士，陆军军医中将；1936年6月，任“满洲医科大学”细菌学教授；1942年8月1日—1945年3月1日，接替石井四郎任七三一部队部队长；1945年4月30日，晋升为军医中将，任支那派遣军第13军军医部长；1945年8月被俘；1946年1月被释放回日本，2月6日配合了美军的调查；1947年4月1日，提交了17页关于石井部队的笔供材料；1950年，任绿十字株式会社东京分社社

① 第441号反情报部队有关石井四郎的报告. 马里兰州：美国国家档案馆Ⅱ馆，184B条目，549盒.
② 纪树立. 鼠疫. 北京：人民卫生出版社，1988：2.
③ 纪树立. 鼠疫. 北京：人民卫生出版社，1988：2.

长；1959年10月，任石井四郎丧葬委员会负责人；1986年病死。

1945年3月1日，石井四郎调回七三一部队，晋升为军医中将；8月12日逃回日本，12月1日，转为预备役。1946年，石井四郎接受美军调查官汤普森、费尔、希尔等人问讯，提供了大量细菌战、人体实验文件资料，在美国的掩盖和庇护下免于战犯起诉，从此逍遥法外。

七三一部队的建立、扩张及灭亡

“九一八”事变前后，特别是石井四郎考察欧洲细菌战返回日本之后极力鼓吹细菌战，在日本军队上层积极游说，得到了陆军省军务局、参谋本部部分军官的支持。1932年7月5日，陆军省批准设立陆军军医学校细菌研究室，后改为防疫研究室；12月8日，陆军省批准经费208 989日元用于扩建陆军军医学校防疫研究室。当时陆军军医学校设有防疫部、防疫学教室、防疫研究室，主任是梶塚隆二，防疫研究室部员有石井四郎、西村英二、北川正隆、渡边廉、北条圆了、白川初太郎。石井四郎等7人是七三一部队前期的主要成员，这些人后来都成为了细菌战的支持者、鼓吹者和实施者。梶塚隆二后来成为陆军省医务局局长，西村英二成为北京第一八五五部队长，北川正隆任七三一部队细菌研究部部长，渡边廉成为第十二防疫给水部部长，北条圆了曾在陆军省医务局任职，是石井四郎的重要助手，白川初太郎后来任第二十九野战防疫给水部部长。

扩建后的防疫研究室，增设了研究室、办公室、机械室、变电室和仓库，修建了小动物饲养室，开始从事霍乱、伤寒、鼻疽等细菌的研制。防疫研究室在短短的一年时间内得以扩建，从侧面可以说明石井四郎及其细菌战思想逐渐被日本军方接受，日本上层也在积极地推动细菌战，并逐步将其作为对外军事侵略的手段之一。

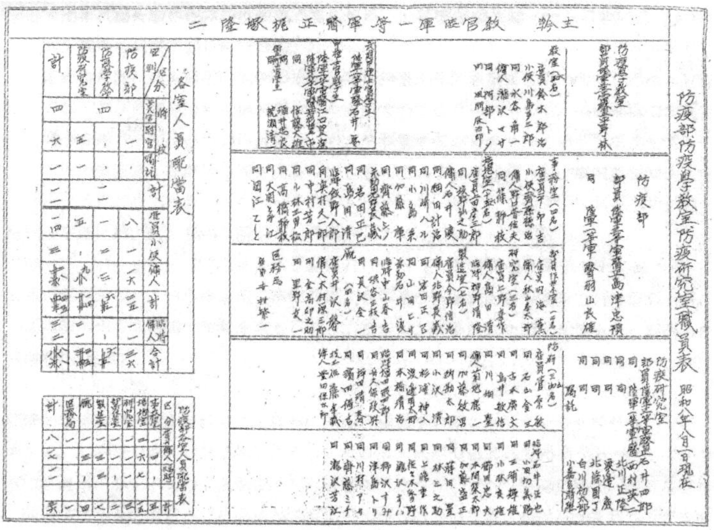
防疫部防疫学教室防疫研究室職員表 昭和七年八月一日現在

主幹 教官 陸軍一等軍医正 梶塚隆二

各室人員配當表

图1-3　1932年，陆军军医学校防疫部、防疫学教室、防疫研究室职员表。防疫研究室主任是梶塚隆二，部员有石井四郎、西村英二、北川正隆、渡边廉、北条圆了、白川初太郎。（常石敬一著：《医学者们的组织犯罪——关东军第七三一部队》，朝日新闻社，1994年。）

前身——隐秘的加茂部队

日本侵占哈尔滨之后，日本侵略势力蔓延至整个东北，1933年8月，石井四郎将防疫研究室秘密迁移至哈尔滨，地址在今哈尔滨市南岗区宣化街文庙街一带，并在今五常市背荫河镇秘密设立细菌实验场，称加茂部队，即七三一部队前身。加茂部队下设总务大队和研究大队，研究大队下设两个中队："南栋中队"从事防疫给水研究，地址在今宣化街；"交通中队"从事细菌研究，地址在今五常背荫河。石井四郎也在其任职的陆军军医学校内专门设立了"石井部队东京出张所"，经常往返于东京和哈尔滨，在东京出张所内有石井四郎的亲信内藤良一等人同步在开展细菌武器的研究与实验。早在1933年，石井四郎便开始了人体实验。1933年11月16日，时任关东军司令部参谋远藤三郎曾到背荫河视察，远藤三郎在日记中写道："上午八点半和安达大佐、立花中佐一起去交通中队实验场视察实验情况，第二班是毒瓦斯和毒液实验，第一班是电力的实验，各班分别以两名‘匪贼’进行实验。在瓦斯实验室中被实验的人，一个经过五分钟的碳酰氯（毒气）实验引起肺炎，病危，比昨天的更严重，只有生命迹象。另一个注射了十五毫升氰酸钾后，大约经过二十分钟便失去意识。一个人用二万伏电压实施了数次实验也没有死亡，最后通过注射杀死。第二个人是用五千伏电流实验，也是经过数次实验没有死亡，最后采用连续数分钟的电流通过，使其烧死。”[①]在背荫河细菌实验场建成一年后，1934年9月23日，中国的传统节日中秋节，背荫河发生了东北抗日联军组织的越狱行动，五常背荫河细菌实验场的秘密被揭露。

为了加强加茂部队的保密性以及扩大细菌工厂的规模，石井四郎于1936年向日本陆军参谋本部提出迁移细菌部队的方案。据《前日本陆军军人因准备和使用细菌武器被控案审判材料》记载，关东军医务处长梶塚隆二在伯力审判时提供的证言：“第七三一部队是奉日本天皇裕仁一九三六年敕令建立的……该部队驻地是由关东军司令部确定的，一九四一年前，此部队没有正式番号，只是被称呼为关东军防疫给水部，同时又叫做石井部队。”[②]川岛清在伯力审判时供述：“第七三一部队是一九三六年遵照日本天皇裕仁密令成立的。该部队驻地最初决定设在哈尔滨，并由日本陆相任命军医大佐石井四郎为第七三一部队长。当我任第七三一部队总务部长一职时，我在档案中亲眼见过这道敕令。”[③]据此可知，七三一部队的正式设立并逐渐扩大规模是得到了裕仁天皇的批准。当时日本在中国东北地区建立了两支细菌部队，哈尔滨平房的“关东军防疫部”即石井部队，长春孟家屯的“关东军兽类防疫部”即若松部队，若松部队就是后来的细菌战部队关东军第一〇〇部队。

① 宫武刚. 远藤三郎日记——将军的遗言. 每日新闻社，1986：77.
② 前日本陆军军人因准备和使用细菌武器被控案审判材料. 外国文书籍出版局，1950：107.
③ 前日本陆军军人因准备和使用细菌武器被控案审判材料. 外国文书籍出版局，1950：256.

野蛮扩张——移驻平房军事特别地区

1936年春，加茂部队开始在平房地区选址并测量土地。1937年7月7日，日本发动"七七事变"，开始全面侵华战争，加茂部队细菌战基地规模也逐渐扩大。1938年6月30日，日本关东军司令部发布了第1539号命令"关于在平房附近设立特别军事区域"[①]，秘称"十七号军事基地"。其中规定：①平房石井部队房屋（围墙以内）均被指定为特别军事建筑物；②依据"满洲国军机保护法施行规则"，附件要图上所标明的甲号地段应认定为特别军事区域，上述规则禁止事项均适用于该地段；③在附件要图上所标明乙号地段内，禁止建造二层以上之房屋；④对民用航空（满洲航空株式会社）有指定的航空线及禁航地带；⑤甲号地段和乙号地段界以及禁止事项由满洲国治安部宣布之，军事建筑物所在地区由防卫司令官宣布之；⑥本训令仅通知直接有关各部队，不得作任何公布。随后，伪哈尔滨市公署设立了平房特别地区事务所、平房特别地区日满协和会、平房警察驻在所，平房警察驻在所下设平房屯派出所、正黄旗三屯派出所、新发屯派出所，由日本人直接负责管理。哈尔滨日本宪兵队派出平房宪兵分遣队驻守平房地区，加强了细菌研究基地的特殊性和保密性。

平房特别军事地区由平房镇、日本空军八三七二部队、七三一部队营区及周边区域构成，总占地面积约120平方千米，分为甲号区域和乙号区域。甲号区域为特别控制的区域，以七三一部队和八三七二部队为中心，东西南北各向外扩展5千米区域，总面积约为32平方千米。甲号区域内当时有25个村屯，以及距离七三一部队本部较近的黄家窝堡、刘家窝堡、正黄旗五屯、正黄旗头屯4个屯，这4个屯被七三一部队强制搬迁直接毁掉。乙号区域为一般控制区，区域内有19个村屯。为加强对特别军事地区的管制，位于特别地区边界的村屯外1.5千米处各交通路口均设有界牌，未经批准不得进入此区域。

① 前日本陆军军人因准备和使用细菌武器被控案审判材料. 外国文书籍出版局，1950：165.

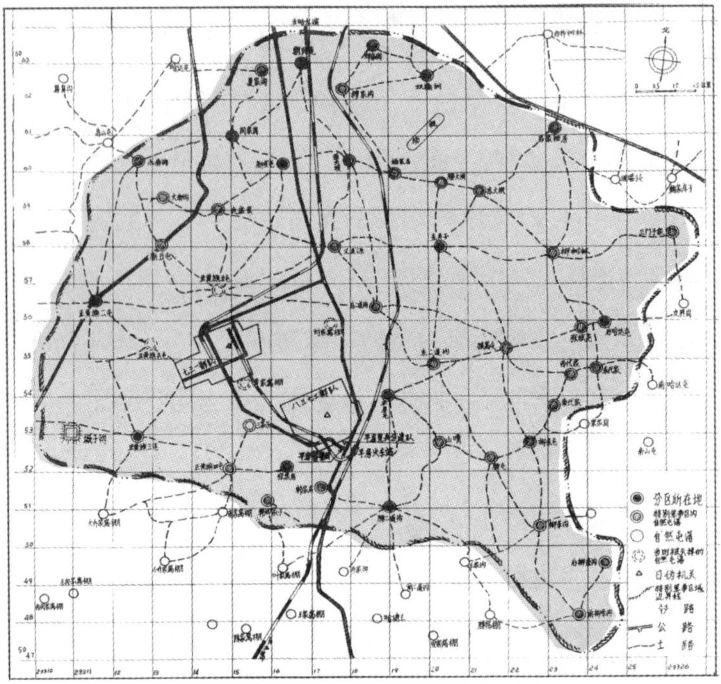

图1–4　平房军事特别地区区域图。（侵华日军第七三一部队罪证陈列馆藏）

图1–5　平房军事特别地区军用地界碑。（侵华日军第七三一部队罪证陈列馆藏）

特别地区所在地居民凡年满14周岁以上者须持有伪哈尔滨市警察局香坊警察署颁发的居住证明书，居住证明书被要求随身携带，随时接受军警宪特的检查。外来人员也须到警察署登记办理临时居住证明书，离开此区域还要注销所办手续。据七三一陈列馆保存的哈尔滨市警察局香坊警察署颁发的居住证明书显示，证明书持有者姓名是高郭氏，住所是哈尔滨市香坊区义发源34号，附记页有8项内容：

1．居住在特别地区内满十四岁以上者需申领此证明书；

2．旅行或者出行时须要随身携带；

3．本证明书不得出借或转让；

4．要在特别地区内迁居者，须向居住地警察官署申报，在抵达移居地后二十日内，向移居地警察官署申请变更；

5．要迁居到特别地区以外者，须向移居地警察官署申报，出境后，将此证明书交还给最近的警察官署；

6．此证明书丢失或损毁时，须在十日内向主管警察官署申请再次发放。若在旅行或外出时丢失，须向最近的警察官署申请证明，返回后凭上述证明申请再次发放。发现丢失的居住证明书后，须立刻向最近的警察官署申报；

7．有效期满或记载事项有所变动时，须在一个月内向主管警察官署申请变更；

8．违反上述各项，将处以拘留或罚款。[①]

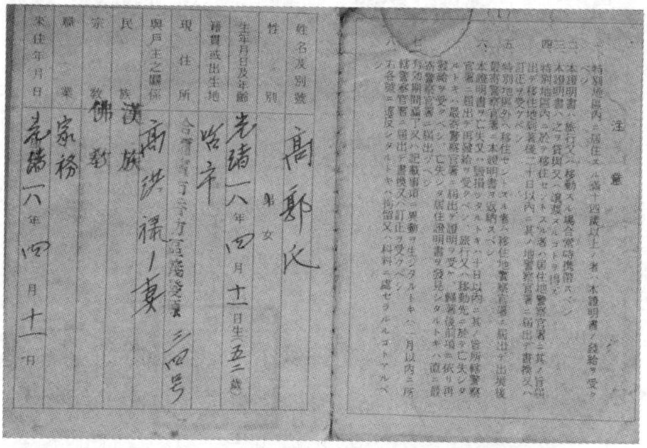

姓名及别号 高郭氏
性别 女
生年月日及年龄 光绪一八年四月十一日生（五二岁）
民族 满族
宗教 佛教
职业 家务

图1-6　平房军事特别地区居民的身份证明书。

① 侵华日军第七三一部队罪证陈列馆档案室，文物编号C-121。

1938年，七三一部队开始大力营建平房军事特别地区，随后七三一部队开始陆续移驻平房。1939年8月，七三一部队各种设施营建完成，兴建了本部办公大楼、细菌实验区域四方楼、特设监狱及多处实验设施，还有供热、供电、供水等基础设施以及平房站、孙家站两条铁路专用线、专用飞机场等交通设施，另有营房宿舍、物资仓库、东乡神社、东乡学校、东乡广场、医院、礼堂、酒保、运动场等集体生活娱乐设施。七三一部队核心区域占地总面积约为6.1平方千米，本部外修建了周长5000米、高2.5米、宽1米的围墙，墙体上架有高压电网，墙体外挖有宽、深各3米的防护沟。

图1-7　七三一部队本部全景航拍，1940年8月，七三一部队航空班、摄影班拍摄。（森村诚一著：《续·恶魔的饱食》，角川文库，2008年。）

恶性蔓延——防疫给水部

1940年8月1日，石井部队对外正式启用“关东军防疫给水部”名称，其组织机构庞大，人员众多，主要构成情况如下：七三一部队本部下设第一部、第二部、第三部、第四部、总务部、训练教育部、器材供应部和诊疗部，共八个部，八部之外另设管理监狱的特别班。部下设课，课下设班，各班以班负责人命名。第一部，细菌研究部，为七三一部队细菌研究的核心机构，既研究攻击性细菌战剂，又研制防御性血清及相关防护装备。第二部，细菌实验部，研究细菌武器效力和攻击方法，对人、动物、植物进行细菌实验等。第三部，防疫给水部，负责七三一部队的防疫和供水，研究和制造细菌炸弹，附设滤水器制造厂和细菌弹壳制造厂。第四部，细菌生产部，进行细菌的培养和繁殖，研制并生产疫苗，制造细菌武器。总务部，负责制定细菌战研究计划，起草传达部队命令，负责人事、后勤、财务及劳工管理等。训练教育部，负责培训细菌研究、生产及使用有关人员，开展防疫学、细菌学教育。器材供应部，负责生产设备的供应，实验器材、菌苗、疫苗的保存，以及实验动物的运输。诊疗部，负责七三一部队成员及其家属的疾病预防和医学治疗。

1940年12月2日，关东军司令官梅津美治郎大将签署的关东军作战命令甲字第398号记载，“着令关东军防疫给水部本部长将下列部队布置于下列地点：牡丹江支部—海林，林口支部—林口，孙吴支部—孙吴，海拉尔支部—海拉尔。”[①] 七三一部队据此另设了海拉尔支部、牡丹江支部、林口支部和孙吴支部，加上1938年接管大连卫生研究所而设立的关东军防疫给水部大连出张所（出张所即办事处），以及兴建的安达特别实验场和城子沟野外实验场，建成了规模庞大、人员众多、设施完善、配套齐全的细菌研究基地。

根据档案记载，1945年1月1日，七三一部队由将校、士官、兵及军属等四种身份构成，有中将1名、少将2名、大佐5名、中佐5名、少佐34名、大尉31名、中尉26名、少尉27名、准尉18名、士官165名、兵1018名、军属2208名，合计3540名[②]。另外海拉尔支部165人、牡丹江支部200人、孙吴支部136人、林口支部224人、大连出张所250人，七三一部队本部及支部总人数达4515人。

① 前日本陆军军人因准备和使用细菌武器被控案审判材料. 外国文书籍出版局，1950：204-206.
② 日本厚生劳动省社会援护局调查课资料室档案。

1941年，石井部队和各支部统称为“满洲第六五九部队”，位于平房的本部称为“满洲第七三一部队”，牡丹江支部称为“满洲第六四三部队”，孙吴支部称为“满洲第六七三部队”，林口支部称为“满洲第一六二部队”，海拉尔支部称为“满洲第五四三部队”，大连卫生研究所称为“满洲第三一九部队”。

七三一部队代号为“关东军防疫给水部”，实际上防疫给水部只是其八部之中第三部，从事滤水器的研究和生产以及防御性细菌战装备的研制，与此同时第三部还进行攻击性细菌武器土陶式细菌炸弹的研制。七三一部队以“防疫给水”为名准备和实施了细菌战，开展了大规模的人体实验，日本其他防疫给水部队以七三一部队为参照同样以“防疫给水”为名，行准备和实施细菌战、人体实验之实。据日本厚生劳动省档案记载，从1938—1945年，在七三一部队的直接参与和指导下建立了一系列细菌战机构，主要有位于北京的华北军防疫给水部、位于南京的华中军防疫给水部、位于广州的华南军防疫给水部，及位于新加坡的两处南方军防疫给水部；当时日军共建立了36个师团防疫给水部；建立了12个野战防疫给水部；建立了7个独立防疫给水部；另有独立混成第89旅团防疫给水部和台湾临时防疫部。到投降以前日本一共建立了63支防疫给水部队，覆盖中国大部地区，以及韩国、马来西亚、新加坡、泰国等东亚到东南亚地区。

七三一部队是以发动侵略战争、进行细菌战为目的创立的，在其建立和扩张过程中得到了日本政府、军队上层、关东军、医学界的大力支持和多方配合，这在其秘密建立和迅速扩张过程中展露无遗。从七三一部队及其他防疫给水部队建立的时间、地点、规模及覆盖范围来看，细菌战逐渐成为日本军事侵略中国和亚洲其他国家的重要手段，是日本侵华体系中的重要组成部分，充分反映了日本军国主义的侵略性和扩张性，集中体现了日本细菌战是自上而下有预谋、有组织的国家犯罪。

防疫给水部关系部队一览表（旧满州地域を除く）

部队名	后团记号	驻屯地	编成年月日
南方军防疫给水部	冈	马来	17. 5. 5
南方军防疫给水部	尚武	比岛	17. 3. 26
第1师团防疫给水部	玉	比岛	16. 7. 16
第2师团防疫给水部	勇	佛印	16. 9. 16
第4师团防疫给水部	淀	泰国	18. 9. 22
第8师团防疫给水部	杉	比岛	16. 7. 1
第10师团防疫给水部	铁	比岛	16. 7. 16
第16师团防疫给水部	垣	比岛	16. 9. 16
第18师团防疫给水部	菊	ビルマ	18. 3. 22
第19师团防疫给水部	虎	比岛	19. 11. 16
第20师团防疫给水部	朝	東部ニューギニア	16. 7. 16
第21师团防疫给水部	计	仏印	16. 11. 15
第23师团防疫给水部	旭	比岛	16. 7. 16
第24师团防疫给水部	山	沖绳	16. 7. 16
第28师团防疫给水部	豊	沖绳	16. 7. 16
第30师团防疫给水部	豹	比岛	19. 4. 12
第31师团防疫给水部	烈	ビルマ	18. 3. 22
第33师团防疫给水部	弓	ビルマ	16. 12. 8
第49师团防疫给水部	狼	ビルマ	19. 5. 27
第53师团防疫给水部	安	ビルマ	18. 11. 19
第54师团防疫给水部	兵	ビルマ	18. 2. 17
第55师团防疫给水部	壮	ビルマ	16. 9. 16
第56师团防疫给水部	龙	ビルマ	16. 11. 15
第94师团防疫给水部	威烈	马来	19. 10. 14
第100师团防疫给水部	抛	比岛	19. 6. 15
第102师团防疫给水部	拔	比岛	19. 6. 15
第103师团防疫给水部	骏	比岛	19. 6. 19
第105师团防疫给水部	勤	比岛	19. 6. 15
第109师团防疫给水部	胆	中部太平洋	19. 9. (　　)
第111师团防疫给水部	市	南朝鲜	20. 3. 30
第121师团防疫给水部	荣光	南朝鲜	20. 6. 18
第2防疫给水部	坚	インドネシアセラム島	13. 7. 29
第8防疫给水部	海	ジャワ	13. 7. 29
第12防疫给水部	富	スマトラ	13. 7. 29
第17防疫给水部	冲	東部ニューギニア	13. 7. 29
第23防疫给水部	照	中部太平洋	16. 7. 16
第27防疫给水部	球	沖绳	18. 11. 8
第28防疫给水部	辉	インドネシアハルマヘ	18. 11. 8
第22防疫给水部	森	ビルマ	16. 7. 16
第23防疫给水部	猛	東部ニューギニア	16. 7. 16
第24防疫给水部	刚	東部ニューギニア	16. 7. 16
第25防疫给水部	猛	東部ニューギニア	16. 7. 16
第26防疫给水部	森	ビルマ	18. 8. 17
第27防疫给水部	势	西部ニューギニア	18. 11. 8
第29防疫给水部	森	ビルマ	19. 6. 24
第30防疫给水部	尚武	比岛	19. 6. 24
第33防疫给水部	信	仏印	20. 4. 14
第34防疫给水部	义	泰国	20. 4. 14
北支那防疫给水部	甲	北京	15. 2. 9
中支那防疫给水部	登	中支	14. 4. 18
南支那防疫给水部	波	南支	14. 4. 18
第47师团防疫给水部	弹	北支	19. 7. 10
第129师团防疫给水部	振武	南支仏东	20. 4. 12
第130师团防疫给水部	钟馗	南支仏东	20. 4. 12
第161师团防疫给水部	震天	中支上海	20. 4. 12
独立混成第89旅团防疫给水部	至纯	中支上海	20. 2. 1
第32野战防疫给水部	统	中支	不明
第9师团防疫给水部	武	台湾	16. 7. 16
第12师团防疫给水部	俟	台湾	16. 7. 16
第71师团防疫给水部	命	台湾	17. 4. 16
第31野战防疫给水部	台	台湾	19. 10. 13
临时台湾防疫部	台	台湾	不明

图1-8　防疫给水部关联部队一览表。（日本厚生劳动省援护局调查课资料室藏）

灰飞烟灭——自毁罪证之后的逃亡

1945年8月9日，七三一部队获悉苏联红军出兵中国东北向关东军发起攻击的情报，石井四郎召集高级军官召开紧急会议，本部及支部随即开始准备撤退。石井四郎下达命令，为保守七三一部队的秘密，将命令文件、研究资料、实验报告、医疗器械、人体标本等统统运往锅炉房烧毁。七三一部队劳工金国忠回忆："1945年8月9日晚上，下雨，飞机在空中嗡嗡叫，我们看见七三一部队西南角的大草垛着了火，是日本人自己点的。下半夜两点，专用线上开来一列火车，日本家属拼命往车上挤。火车开走后，许多没挤上去的日本妇女在站台上哭泣。三点多钟，轰的一声，四方楼西北角被日本人自己炸塌了。八月十日一整天都听到四方楼连续的爆炸声。"①

七三一部队卫生伍长沟渊俊美2004年提供了如下证言："大概是1945年8月9日下午1点钟，担任破坏部队作战总指挥的总务部长太田（澄）大佐发出命令：停止七三一部队的活动并且废止七三一部队。军属按秘密的重要性程度由有关人员依次送回到内地……集中对七栋和八栋进行处理。此外还有很多士兵，他们做了把显微镜堆积起来烧掉等各种各样的工作，剩下的军属也一起行动，把所谓的文件、书籍或X射线照片等都用锅炉烧掉了。"② 七三一部队全营区戒严，全体官兵投入到毁灭罪证行动当中，石井四郎命令石井刚男处理特设监狱，使用毒气杀死被关押的抗日志士，对未被毒气杀死的人直接使用枪杀，然后将尸体聚集在一起浇上汽油焚烧，焚烧一直持续到8月12日。8月13日和14日，日军独立混成一三一旅团石原工兵大队，将七三一部队主要建筑设施特设监狱、四方楼、冻伤实验室、病毒实验室、结核菌实验室等炸毁。8月14日，七三一部队最后一批人员逃离平房。七三一部队的

---

① 七三一问题国际研究中心档案室藏文档资料，B17-3。

② 七三一问题国际研究中心档案室藏视频采访资料，A18-8。

牡丹江支部、林口支部、孙吴支部、海拉尔支部、大连出张所同样自行毁灭证据后溃逃。

1945年8月15日，日本宣布投降。从1945年8月26日到9月5日，七三一部队经由韩国釜山分别从仙崎、萩等地逃回了日本，溃逃时极少部分人员被苏联红军俘虏，并被押解到苏联，七三一部队彻底灭亡。石井四郎曾在七三一部队逃亡前夕下达了三条禁口令，一是不准暴露七三一部队成员身份，二是队员之间不得互相联络，三是不准从事与七三一部队同样业务性质的职业。这三条禁令一直伴随着七三一部队，一部分成员终身遵守这三条禁令，既为明哲保身，也为掩盖他们曾在中国犯下的战争罪行。有一部分队员违背禁令从事与七三一部队业务相关的职业，如部队长北野政次、教育部长西俊英、第三部部长江口丰洁、结核班长二木秀夫等人开设了私人医院；冻伤班长吉村寿人、病例班长冈本耕造、昆虫班长田中英雄进入医学院校任职。多数七三一部队成员在战后频繁联系并成立战友会，他们在战后成立了平房战友会、东乡战友会、平房三角会、加茂会、古城镇会、铃兰会等，堂而皇之地开展各种纪念活动，积极活跃在日本的社会各界。七三一部队绝大多数成员保守七三一部队战时犯罪机密，拒绝接受媒体采访，至死未作公开反省，但也有少数成员如篠塚良雄、越定男、大川福松、胡桃泽正邦开口说出了当年的事实和历史的真相。

第二章 特别移送

特别移送，日文写做『特移扱』，是七三一部队同关东宪兵队、警察局、保安局、特务机构内部使用的专有名词。

特别移送，日文写做“特移扱”，是七三一部队同关东宪兵队、警察局、保安局、特务机构内部使用的专有名词。关于特别移送的含义，原佳木斯宪兵队队长橘武夫供述：“当我任佳木斯宪兵队长时，我们常把那些因某种犯罪嫌疑而被宪兵队拘捕的犯人挑选一部分送到七三一部队去接受实验。我们遵照宪兵队司令部的指示把这种人加以一定的预审后，不经庭审，不把他们的案件交给法庭，就直接把他们送交七三一部队去，这是带有特殊性质的办法，所以此种手续就叫做特别移送。”[①]日军将被特别移送的人称为“行李”、“马路大”，这些人经历了被抓捕、刑讯、押送、接收、囚禁、实验等过程，最终几乎都被七三一部队以人体实验、活体解剖、细菌感染等方式残害致死。

特别移送档案的发现和公开

1997年10月，金成民先生在黑龙江省档案馆首次发现了特别移送原始文件。1999年8月2日，黑龙江省政府召开新闻发布会对外公开了特别移送档案，此次公开的档案共有66件，涉及特别移送受害者52人。2001年9月，吉林省档案馆召开新闻发布会，对外公开了80余件特别移送档案，涉及特别移送受害者277人。黑龙江省档案馆和吉林省档案馆保存的特别移送档案为关东宪兵队、分队、分遣队留存和记录的原始文件，全部使用日语书写，是能够

① 前日本陆军军人因准备和使用细菌武器被控案审判材料. 外国文书籍出版局，1950：388-389.

证明其同七三一部队秘密勾结、共同犯罪、准备和实施人体实验的重要文件。特别移送受害者几无生还，绝大多数人被用作人体实验材料，少部分人在七三一部队逃跑前夕被屠杀。吉林省档案馆2014年公布的档案记载，姜荣泉，1943年11月18日被孙吴宪兵队逮捕，途中成功逃脱，成为特别移送实施以来唯一的幸存者[①]。

2014年，笔者作为国家社科基金项目“中日民间保存的细菌战文献文物搜集、整理与研究”课题组负责人在哈尔滨发现了5份特别移送原始档案。这部分档案是哈尔滨警察署参与的案件，档案形成于1942年，全部使用日文书写，记载了10个人被移送到七三一部队的内容。据档案记录：1942年7月24日，哈尔滨香坊警察署给哈尔滨道外警察署的文件，记载了王健民及其他三人被特别移送。1942年8月8日，哈尔滨市警察局给哈尔滨道外警察署文件，记载了一名苏联人被特别移送。1942年8月17日，漠河国境警察队发给哈尔滨正阳警察署的文件，记载了张玉泉、郑博然两个人被特别移送。

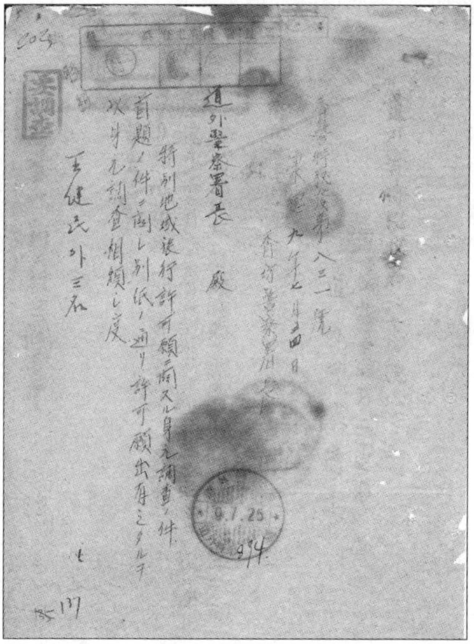
道外警察署長 殿
首題ノ件ニ関シ別紙ノ通リ許可願出有之タルニ付
王健民外三名

图2-1　特别移送档案之一。（哈尔滨市社会科学院七三一问题国际研究中心藏）

---

① 庄严. 铁证如山——吉林省新发掘日本侵华档案研究. 长春：吉林省出版集团有限责任公司，2014：239.

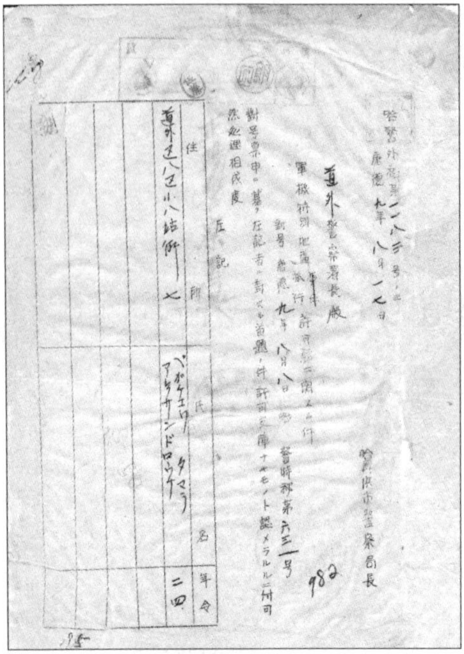

图 2-2　特别移送档案之二。（哈尔滨市社会科学院七三一问题国际研究中心藏）

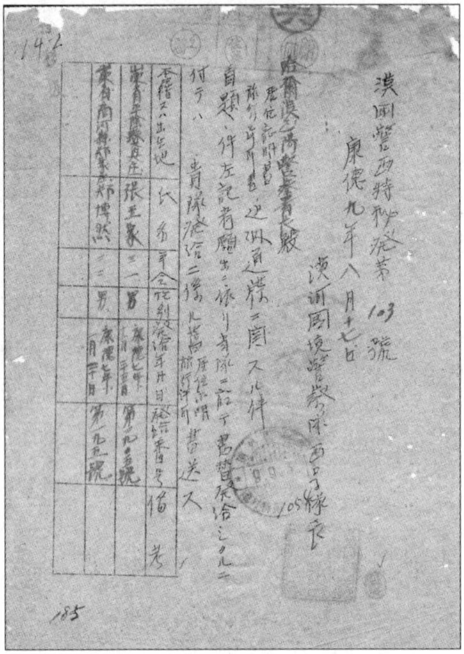

图 2-3　特别移送档案之三。（哈尔滨市社会科学院七三一问题国际研究中心藏）

关于特别移送的规定

原关东宪兵队司令部副官吉房虎雄在抚顺战犯管理所供述：“‘九一八’事变后，日本帝国主义由于任意屠杀中国抗日军民的做法激起了越来越多民众的反抗，日本帝国主义分子不得不变换手法，表面上宣布停止过去所实行的严重处分。此后，关东军司令官植田谦吉、参谋长东条英机、军医石井四郎、参谋长冈道武、关东宪兵队司令官田中静一、警务部长梶荣次郎、部员松浦克己等人之间秘密指定了取代严重处分的方法，即将抓捕的抗日军民送到石井部队做人体实验材料。”[1]

---

① 中国归还者联络会．侵略——在华日本战犯的证言．新统书社，2002：27-28.

关东宪兵队及其下属各级部队是特别移送的主要实施者。1943年3月12日，关东宪兵队司令部警务部发布《关于特别移送的通牒》，对特别移送标准有了明确的文件规定。该文件提到应按“昭和13年1月26日关宪高第58号文件处置，在选定犯人时应参照下面所定标准处理”。据此可推断早在1938年1月26日，对特别移送的标准就有了明文规定。

表 2-1　《关于特别移送的通牒》[①]（关宪高第 120 号）

类别	罪状性质	具备条件			
		履历	品格	我们的估计	其它
间谍（破坏分子）	依其罪行程度可以预料该犯被提交法庭审判时必处死刑或无期徒刑者			无被我方吸收和调派回去工作的价值者	
	曾以间谍或破坏份子资格屡次潜入满洲境内和直至被拘时止始终进行此种活动者		怀有亲苏或反日心理者	无被我方吸收和调派回去工作的价值者	
	依其罪行程度可以预料该犯被提交法庭审判时将被释放或经短期紧闭即可释放者	住所不定又无亲族的游民。鸦片中毒者	怀有亲苏或反日心理者。性格不逊者	并无悔悟表示而有重犯罪行的严重危险者	
	以前进行过此种活动者	当过游击队员或干过含有同等危险作用的活动者		无接收感化的希望者	
	与他种秘密活动有关者或因参加机密事项而其生存极不利于军队与国家者				
	与应受“特别移送”的犯人同一思想者				罪情虽轻，但不宜将其释放者

① 前日本陆军军人因准备和使用细菌武器被控案审判材料. 外国文书籍出版局，1950：172–173.

续表

类别	罪状性质	具备条件			
		履历	品格	我们的估计	其它
思想犯（民族运动和共产运动犯）	依其罪行可以预料该犯被提交法庭审判时必处死刑或无期徒刑者				
	与他种秘密活动有关者或因参加机密事项而其生存极不利于军队与国家者				
备考	各宪兵队长依上述标准来确定怎样处理某一犯人时，应根据满洲国内部情况，周密考虑到这点对国政上、社会上、社会道德上将有何反映，把这一切估量清楚之后，便可向关东宪兵队司令官坚决申请援用“特别移送”办法。				

注：引自《前日本陆军军人因准备和使用细菌武器被控案审判材料》，外国文书籍出版局，1950年：第172～173页。

关东宪兵队对特别移送对象有了明确规定，但在此通牒中也有这样的规定：“依其罪行程度可以预料该犯被提交法庭审判时将被释放或经短期禁闭即可释放者”，“罪情虽轻，但不宜将其释放者”，“住所不定又无亲族的游民、鸦片中毒者。”通过这几项的规定，我们能够看到关东宪兵队对特别移送标准的规定过于宽泛，没有严格地约束宪兵队的行为，这导致了特别移送这一行为的实施带有明显的无差别特点。从某种意义上来讲，一个人是不是符合特别移送实施的条件，完全取决于宪兵队的态度。

日军每次特别移送的人数不一，有时是一两个人，有时是六七个人，最多一次达90人。如1939年8月8日，关东宪兵队司令部发出第224号作战命令，将八路军战俘90人特别移送，其中送往七三一部队本部30人，送往孙吴60人。关东宪兵队司令部警务部长齐藤美夫亲笔供述书说：

> 1938年8月8日，以关宪作命第224号下达了关东宪兵队司令官命令。其内容是：要从河北向石井细菌部队移交90名中国人，押送到哈尔滨及孙吴。这个命令是根据关东军作战命令发出的，是我作为警务部长命令第三课起草

的草稿，以司令官命令下达的。

命令的内容要点如下：宪兵教习队平野中佐负责指挥属下人员宪兵约30人、下士官1人，在山海关从河北押送人员手中接收由河北押送来的90名中国人，将他们押送去孙吴，途中在哈尔滨留下30名，其余的送到孙吴。必须分别移交给石井部队的接收人员。我对当时这些被押送的中国人是供石井部队实验用的情况是清楚的，对协助石井部队作细菌实验这一点是了解的，并事实上指挥了押送和移交，帮助了石井细菌部队以细菌实验屠杀中国人民。①

从齐藤美夫记述中，可以看到特别移送实施的范围，并不局限于关东军的势力范围，河北地区的宪兵队也参与了特别移送。据笔者调查发现承德宪兵队参与了多起特别移送，将张坤、李树民、郭临喜等至少17人移送到了七三一部队。七三一部队专门设有宪兵室负责接收被特别移送者。越定男著《血泪染红的太阳旗》②中记述接收特别移送者主要有四个地方，即哈尔滨火车站附近宪兵队分室、哈尔滨特务机关、哈尔滨宪兵队本部、哈尔滨日本领事馆等。令人不可思议的是，哈尔滨日本领事馆作为日本驻哈尔滨的最高外事机构，竟然是七三一部队的秘密联络点和中转站，作为“人体实验受试者”的秘密中转基地，专门设有地下监狱关押“马路大”。这从另一个角度说明了七三一部队细菌战是日本对外军事侵略的重要手段，关东军作为特别移送的主要策划者和实施者，军警宪特各级部队同日本驻外机构都积极参与实施，由此可见这是在秘密状态下有计划、有组织的集团犯罪。

特别移送的对象

关于特别移送者的身份，原佳木斯宪兵队队长橘武夫供述：“一是被控为

① 日本帝国主义侵华档案史料选编——细菌战与毒气战. 北京：中华书局，1989：94.
② 越定男. 血泪染红的太阳旗. 日本：教育史料出版会，1983.

外国当间谍，或者与外国侦探机关相互勾通的嫌疑者；二是所谓匪贼，即中国游击队员；三是反日分子及不可救药的刑事累犯。我们会把这种人用特别移送的办法送到七三一部队去。”① 据目前发现的档案记载，被特别移送的人员有以下几种身份：第一种身份是被冠以“苏谍”的情报人员；第二种身份是普通平民，包括农民、劳工、杂工、小商人；第三种身份是被日军抓捕的国民党战俘和共产党抗日武装力量；第四种身份是被日军抓捕的苏联红军战士和诺门罕战争中的苏军战俘；另外还有朝鲜等其他国家的抗日人员和普通平民。

抗日情报人员

按照关东宪兵队对特别移送的规定，从事收集伪满和日军军事情报的抗日人员为首要特别移送的对象。表2–2中所列的特别移送受害者多是在关东军要塞区域被所在地宪兵队抓捕的。所谓关东军要塞区域指的是日本关东军自1933—1945年，在极为隐蔽的情况下沿中苏、中蒙边境依山修筑了东起吉林珲春、西至海拉尔和阿尔山共17处军事要塞，约有8万个永备工事，数以千计的永久性地下仓库、电站、通信枢纽部、给水站等军事设施。

表2-2　以“苏谍”名义被特别移送的调查表

序	姓 名	性别 年龄	国籍	被捕和特别移送 时间、地点、经过	备注
1	张慧忠 （张文善）	男	中国	1941年7月16日，牡丹江宪兵队在牡丹江市逮捕张慧忠，通过哈尔滨宪兵队特别移送至七三一部队。张慧忠为牡丹江国际反帝情报站站长、谍报员。	119–2–894–1第5号。黑公安厅苏特04–10。
2	朱之盈	男	中国	1941年7月16日，牡丹江宪兵队在牡丹江市逮捕朱之盈。	《审判材料》

① 前日本陆军军人因准备和使用细菌武器被控案审判材料. 外国文书籍出版局，1950：289.

续表

序	姓名	性别 年龄	国籍	被捕和特别移送 时间、地点、经过	备注
3	孙朝山	男	中国	1941年7月16日，牡丹江宪兵队在牡丹江市逮捕孙朝山。	《审判材料》
4	吴殿兴	男	中国	1941年7月16日，牡丹江宪兵队在牡丹江市逮捕吴殿兴。	《审判材料》
5	赵殿卿	男	中国	1941年3月，北安宪兵分队在北黑线301列车上发现赵殿卿携带苏联发的居住证，渥美少尉等三人奉命跟踪，在通化车站将其逮捕，后特别移送至七三一部队。	119-2-329-1 第5号
6	刘相征	男 36岁	中国	1940年9月，嫩江宪兵分队上等兵弘田利光发现由漠河潜入的中苏同盟派遣的情报员刘相征，跟踪到嫩江站后交由孙吴宪兵队跟踪逮捕，最后由孙吴宪兵队特别移送至七三一部队。	119-2-821-1 第4号
7	赵福元	男 30岁	中国	1943年2月，奉天宪兵队在白塔堡逮捕苏联无线电工作者（国际情报组织奉天站）赵福元，于6月11日特别移送至七三一部队。	119-2-143-1 第5号
8	史顺臣	男 40岁	中国	1943年2月，奉天宪兵队在白塔堡逮捕苏联无线电工作者（国际情报组织奉天站）史顺臣，于6月11日特别移送至七三一部队。	119-2-143-1 第5号
9	孙国臣	男	中国	1941年7月4日在黑河车站被逮捕。	北宪高第613号
10	葛焕清	男	中国	1941年8月14日，被瑷珲宪高逮捕。	瑷珲宪高159号
11	刘振玉	男	中国	1943年12月23日，被佳木斯宪兵队逮捕。	佳宪高第74号
12	陈传志	男	中国	1943年9月22日在抚远县青村国富屯老登窝被捕。	佳宪高第684号
13	隋忠盛	男	中国	1941年1月21日在密山县龙王庙被捕。	
14	彭凤昌	男	中国	1943年11月17日被捕。	佳宪高第682号
15	董殿全	男	中国	1941年7月27日在虎头被捕。	
16	甄永书	男	中国	1941年7月14日在北安被捕。	北宪高第665号
17	藏希如	男	中国	1943年8月10日在东宁大肚川镇被捕。	东宁宪高第33号

续表

序	姓名	性别年龄	国籍	被捕和特别移送时间、地点、经过	备注
18	戴鸿河	男	中国	1941年7月22日在黑河街双利妓馆被捕。	孙吴宪高第124号
19	姜巴拉江吉	男	中国人（蒙古族）	1944年3月，满洲里宪兵分队长、少尉森三吾命令扎赉诺尔分遣队长、准尉佐藤，在嵯岗车站西12公里的村庄将8名老百姓逮捕，后将姜巴拉江吉特别移送至七三一部队。	119-2-708-1第4号
20	彭志克达西	男	中国人（蒙古族	1944年3月，满洲里宪兵分队长、少尉森三吾命令扎赉诺尔分遣队长、准尉佐藤，在嵯岗车站西12公里的村庄将8名老百姓逮捕，后将彭志克达西特别移送至七三一部队。	119-2-708-1第4号
21	李基洙	男 28岁	朝鲜	原籍为朝鲜咸镜北道新兴郡东兴面，1941年7月20日在间岛省珲春县春化村抬马沟被捕。	延宪高第673号
22	韩成镇	男 30岁	朝鲜	原籍为朝鲜咸镜北道境城，居住地为间岛省珲春县春化村杜荒子屯第2牌，农民，1943年6月25被捕。	间宪高第386号
23	金圣瑞	男	朝鲜	原籍为朝鲜咸镜北道吉州面，居住地为间岛省珲春县镇安村马滴达屯第8牌，1943年7月31日被捕。	间宪高第418号
24	高昌律	男 42岁	朝鲜	原籍为朝鲜江源道淮阳郡兰谷面，居住地为间岛省珲春街大同区第9牌，从事饮食业，1941年7月25被捕。	间宪高第418号
25	德姆琴科	男	苏联	1939年秋在诺门罕战场被日军俘虏，后押至哈尔滨香坊保护院集中营，刑讯拒不招供，经哈尔滨特务机关批准，特别移送至七三一部队。	《审判材料》

续表

序	姓 名	性别 年龄	国籍	被捕和特别移送 时间、地点、经过	备注
26	柯基姆洛夫	男 22岁	苏联	1944年6月，根据86部队情报，哈尔滨宪兵队在哈尔滨马家沟逮捕无线电谍报工作者白俄柯基姆洛夫，后特别移送至七三一部队。	119-2-894-1 第5号
27	2人名字不祥	男	苏联	1940年6月，哈尔滨警察局司法科科长按哈尔滨宪兵队的电话要求，命令大武雄警佐选择2名苏联人，由宪兵队来车押送至七三一部队。	119-2-33-1 第4号
28	叶克塞也夫等2人	男 25岁	苏联	1941年6月，哈尔滨宪兵队出动汽车到哈尔滨警察局司法科将10多个中国犯人送往七三一部队，其中包括因越境而被捕的苏联士兵叶克塞也夫等2名苏联人。	119-2-33-1 第4号
29	8人名字不祥（情报工作者）	男	苏联	1941年7月，哈尔滨警察厅司法科逮捕2名苏联人，外事科逮捕6名苏联人，据松本英雄证实，这8人都被特别移送至七三一部队。	119-2-856-1 第4号
30	阿该恩妮娅·巴斯洛	女 52岁	苏联	原籍苏联扎巴伊卡尔，居住地为三江省抚远县海青村国富屯。	关宪高第516号

说明：1.备注一栏中如“119-2-708-1第4号”，为国家档案局所藏档案，数字为卷宗号。2.备注一栏中如“延宪高第673号”，为宪兵队或宪兵分队向关东宪兵队司令部申请特别移送的文件编号。

从受害者被捕的时间、地点、职业和其他信息来看，这些被冠以“苏谍”名义实施特别移送者80%以上是来自虎头、孙吴、珲春等关东军要塞区域。这不是一个偶然的因素，究其原因当是在关东军统一安排下，要塞区的“防谍”同七三一部队有着极为密切的合作。1939—1944年，此时关东军沿中苏、中蒙边界修筑规模庞大的军事工事，不能不引起中国和苏联情报部门注意和重视，于是使用大量人员秘密搜集日军国境要塞的情报，为地下抗日组织及苏联开展特工活动。关东军为严守要塞机密，严密布控，高压搜捕在要塞区域活动的情报人员，而一旦这些情报人员遭到日军反情报力量的抓捕，依据关东宪兵队制定的适合特别移送的标准，“曾以间谍或破坏分子资格屡次潜入满洲境内和直至被拘时止始终进行此种活动者”，以及品格上“怀有亲苏或反日心理者，估计不能为我方吸收和调派回去工作价值者”多被特别移送。这些被冠以“苏谍”名义的特别移送受害者，有中国人、苏联人和朝鲜人，他们绝大部分人因刺探关东军要塞的情报而被捕，是从事抗日斗争而牺牲的革命烈士。

普通平民

侵华日军各级军警宪特机构在执行特别移送规定时带有极强的随意性，通过抓捕抗日人员、无辜平民并将他们移送到七三一部队，能够“立功”、“荣升”，获得奖状、奖金，导致日军更加疯狂地实施这一行动。据原牡丹江宪兵队少尉冈户和三郎笔供：“八面通宪兵分队逮捕了正在用无线电秘密工作的中国爱国者一名。为了奖励这一罪行，根据队长望月的命令，从我所管的机密费中提出百元，交给八面通宪兵分队长大须贺兵次中尉，使其加强对被害者的审讯，并掠夺无线电台一台。为了把被抓者送交哈尔滨石井部队，我传达了派遣命令，派下士官一名押送，把被抓者交给哈尔滨石井部队杀害了。”[①]

侵华日军还将大量普通平民，包括农民、劳工、杂工及小商人以“反满抗日”为名实施无差别抓捕，对他们经常使用极为残酷的刑讯，使用殴打、灌凉水、电击等暴力手段，人为制造适合特别移送的条件，迫使被捕者供认他们想要的口供和笔供证据，这成为了宪兵、警察和特务达到目的的秘密手段。原鸡宁宪兵队长上坪铁一供述：“抓捕了中国抗日救国工作人员及和平居民一百人以上，使用了灌凉水、过电，装在麻袋里打、用棍棒打、用火钩子烙等手段对他们进行了残酷的拷问。我将其中的李冬岱、桑元庆、张玉环

① 日本帝国主义侵华档案史料选编——细菌战与毒气战. 北京：中华书局，1989：101.

等22人送到哈尔滨七三一细菌部队，作为细菌效能实验和研究材料加以杀害了。”[①]原瑷珲县国境警察队特务股特务主任关山顺供述：“以所谓无职业者激增影响治安为名，根据风间队长的命令，在各区队管辖内逮捕了中国人民74名。其中62名送鹤岗煤矿强制劳动，5名释放，7名以与抗日有关的罪名，通过哈尔滨特务机关送七三一部队杀害。”[②]

图2-4　特别移送受害者朱云岫照片，东安宪兵队拍摄。（黑龙江省档案馆藏）

① 日本帝国主义侵华档案史料选编——细菌战与毒气战. 北京：中华书局，1989：131.
② 日本帝国主义侵华档案史料选编——细菌战与毒气战. 北京：中华书局，1989：135.

据笔者调查统计，表2–3所列的被特别移送者有44人是普通农民，33人是劳工、杂工和小商人。有的特别移送受害者，在宪兵队审讯期间被拍摄了照片，这些照片在特别移送档案中保存了下来。依据档案记载的详细信息，我们找到了一部分特别移送受害者的家属，但实际上更多受害者没有留下任何记录。

图2–5　特别移送受害者家属在七三一部队遗址合影。左起王晓光、李凤琴、王亦兵、张可伟（受害者张慧中之子）、朱玉芬（受害者朱云彤之女，受害者朱云岫侄女）、朱玉芬之子。（哈尔滨市社会科学院七三一问题国际研究中心藏）

国民党、共产党及东北抗联人员

被特别移送者还有大量的国民党、共产党和东北抗联的抗日人员。有明确记载的有1941年7月11日，伪东安省密山警察本队将警尉刘世杰抓捕并特别移送，时年38岁。1941年7月18日，佳木斯宪兵队在伪鹤立县兴山街东山采煤所附近将许春甫抓捕并特别移送，许春甫为东北抗联第五军政治部主任书记，时年26岁。1941年8月1日，伪东安省虎林国境警察队本部将警尉补田立顺抓捕并特别移送，时年40岁。1943年7月3日，间岛宪兵队将山东省国民党保安队15团3营9排排长张桂舟（又名张德成）抓捕并特别移送，时年22岁；同日，间岛宪兵队将蒋系抗日保安队员赵清章（又名赵焕文）抓捕并特别移送，时年26岁。国民党保安第七旅第七团王怀吉被日军抓捕并被特别移送。

历史照进现实：大连黑石礁事件

1941年，王耀轩出资在大连兴办了兴亚照相馆和复兴文具店，这两个地方是国际远东情报站所在地，沈德龙是情报站的负责人，领导了李忠善、吴宝珍在此秘密从事抗日谍报工作。王耀轩，别名王中山，男，生于1898年，原籍河北省饶阳县张路口村，1939年加入中国共产党，为中共冀中军区交通员、苏联谍报员，住址为北京市前门外兴隆街24号，洪泰号业主。

1943年秋，“满洲第八六部队”在大连市发现了每个星期二、星期五的子夜或凌晨向苏联赤塔、延安传送信号的秘密电波，他们调查到了电波的源头就是位于大连黑石礁沙町153号的兴亚照相馆。1943年10月1日凌晨，大连宪兵队纠集了80人包围了兴亚照相馆，将沈德龙、刘桂芹、李文华、李亚芹逮捕，宪兵队在兴亚照相馆内外进行严密搜查，搜查到了电台、天线、密码本等证据。根据日军的调查记录得知，沈德龙，别名李庆春，朝鲜族，生于1911年，原籍伪满洲国东安省饶河县，1934年加入东北抗日人民革命军，后赴苏联莫斯科共产主义大学学习，通晓中、俄、朝鲜语三国语言，苏共党员。1939年12月，经苏联红军派遣，沈德龙作为无线电谍报人员负责人开展抗日工作。经大连宪兵队审讯，沈德龙供出了国际远东情报站的组织机构、人员分布、活动内容、联系暗号、电台密码等信息。

兴亚照相馆被大连宪兵队查抄之后，复兴文具店李忠善、吴宝珍当日便得到了消息，立即离开大连前往沈阳交通情报站通报消息。由于大连宪兵队很快就从沈德龙身上得到了线索，他们根据线索继续开展更大范围的抓捕。1943年10月6日，大连宪兵队在沈阳将李忠善、韩子光、石捷臣逮捕。李忠善，别名刘振鹏、李之彬，原籍河北省武强县刘兆市村，苏共党员，苏联红军派遣的无线电谍报人员。10月8日，大连宪兵队在沈阳将杨学礼、郭歆芹逮捕。10月11日，大连宪兵队在天津市将王耀轩、王东升逮捕。王东升，别名王学年，原籍河北省饶阳县张路口村，住址为天津市河北西窑洼杨桥街洪顺里2号，裕源工厂人员，王耀轩的侄子。这些人被押回大连宪兵队后，宪兵三尾丰、长沼节二等人对他们进行刑讯逼供，使用压杠子、坐老虎凳、灌辣椒水、坐电椅、烙铁烙等多种酷刑。最后大连宪兵队以“国际情报组织员”的名义申请将沈德龙、王耀轩、王东升、李忠善特别移送，经关东宪兵队司令部批准，以上4人被特别移送，由三尾丰将他们移送到七三一部队，其他被捕人员下落不明。

图2-6　特别移送受害者王耀轩（左）和王学年。

1993年，王耀轩之子王亦兵全面收集王耀轩被害的有关资料，1994年形成了证据材料，正式委托日本律师尾山宏、小野寺利孝、渡边春己、渡边彰悟起诉日本政府。在准备起诉材料期间，渡边春己等人在日本找到了三尾丰，并向王亦兵转达了三尾丰的意愿：一是向受害人遗属表示谢罪，二是完全承认受害人遗属叙述的王耀轩牺牲经过和证人证词，三是愿意在诉讼过程中出庭充当人证。

王亦兵向笔者讲诉了同渡边

春己的对话以及当时的场景。渡边春已说：“逮捕、审讯、特别移送你父亲和你堂兄去七三一部队的就是这个三尾丰。”王亦兵说：“当时我的心头一震，仿佛积郁多年的怨恨此时似乎具体化了，我不想再往下听了，但又不愿舍弃渡边律师诉说寻找加害人三尾丰的经过。”渡边春已接着说：“三尾丰1956年被特赦回国，深念过去给中国人造成的灾难和痛苦，决心遏制日本军国主义复活。为改善日、中两国睦邻关系，维护世界和平尽一点力，在回国途中和被赦免的其他日本军人自发成立了一个中国归还者联络会，三尾丰是该会的常委之一。回国后，他确实为日中友好积极工作，因此受到了日本国内一些右翼势力的压制和刁难，找不到工作，生活很困难，但他仍坚持揭露日本军国主义侵华罪行。”王亦兵和他的堂姐、二妹仔细地听着，他们都没有插话。渡边春已接着说：“1994年1月5日，三尾丰与长沼节二旅华期间，曾专程去大连市政府，为半个世纪以前在大连宪兵队任职时破获黑石礁案件逮捕被害人王耀轩，后又亲手把他送到石井部队所犯罪行进行反省谢罪。”渡边先生讲着讲着突然停了下来。王亦兵说：“我坚持没有让我的泪水在日本人面前流下来。”

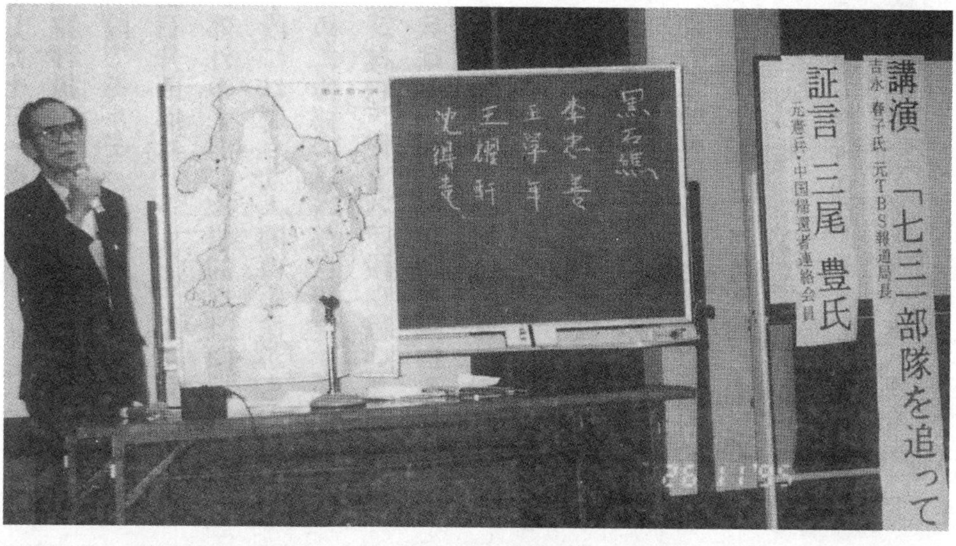

图2-7　1995年11月26日，在七三一部队展日本全国巡回展出会上作证的三尾丰。(《认罪之旅：七三一部队与三尾丰的记录》)

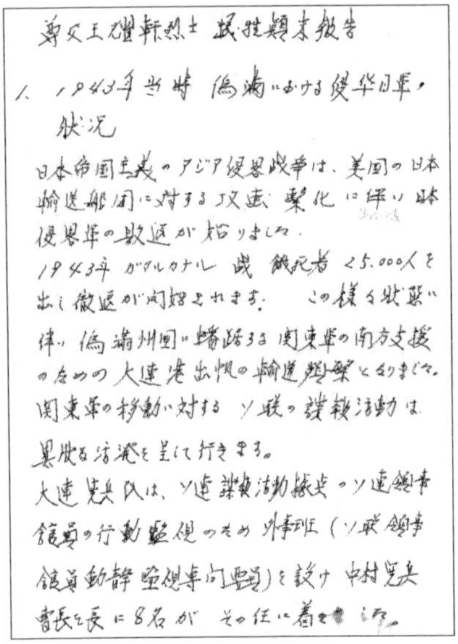

尊父王耀軒烈士 逮捕顛末報告

1. 1943年当時 偽満における侵华日軍の状況

日本帝国主義のアジア侵略戦争は、美国の日本輸送船団に対する攻撃激化に伴い日本侵略軍の敗退が始りました。

1943年ガダルカナル戦 餓死者25,000人を出し撤退が開始されます。この様な状態に伴い偽満州国に蟠踞する関東軍の南方支援のための大連港出帆の輸送頻繁となりました。関東軍の移動に対するソ联の諜報活動は異常な活発を呈して行きます。

大連憲兵隊は、ソ連諜報活動根拠のソ連領事館員の行動監視のため外事班（ソ联領事館員動静監視専門要員）を設け中村憲兵曹長を長に8名がその任に着きました。

图2-8　1996年10月12日，三尾丰给王亦兵（王耀轩之子）写的信函，说明了大连黑石礁事件的经过，以及王耀轩被捕、被审讯的情况。（王亦兵提供）

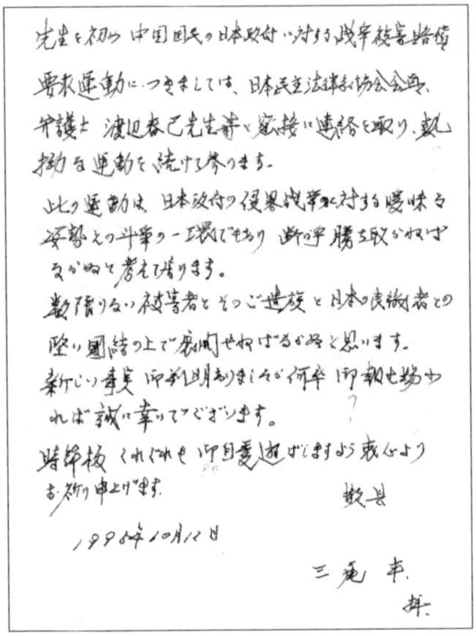

先生を初め中国国民の日本政府に対する戦争被害賠償要求運動につきましては、日本民主法律家協会会員、弁護士 渡辺春己先生等と密接に連絡を取り、執拗な運動を続ける参ります。

此の運動は日本政府の侵略戦争に対する曖昧な姿勢との斗争の一環でもあり断じて勝ち取らねばならぬと考えて居ります。

数限りない被害者とそのご遺族と日本の良識者との堅い団結の上で展開せねばならぬと思います。

新しい事実御判明ありましたら何卒御報せ賜われば誠に幸いでございます。

時節柄くれぐれも御自愛遊ばしますよう衷心よりお祈り申上げます。

敬具

1996年10月12日

三尾豊

拝

图2-9　1996年10月12日，三尾丰给王亦兵（王耀轩之子）写的信函，说明了大连黑石礁事件的经过，以及王耀轩被捕、被审讯的情况。（王亦兵提供）

图2-10　1995年7月31日，三尾丰在哈尔滨向王亦兵、王晓光谢罪。左一为三尾丰，左二为原抚顺战犯管理所所长金源，左三为大连史志办主任史文俊，左四王亦兵（王耀轩之子），左五王晓光（王耀轩之孙）。（王亦兵提供）

1995年，抗日战争胜利50周年之际，哈尔滨举办了“反对侵略、维护和平座谈会”，王亦兵应邀参加，三尾丰也从日本赶来参加了这次会议。7月31日，三尾丰在原抚顺战犯管理所金源所长陪同下当面向王亦兵谢罪。以下是王亦兵记述的和三尾丰见面前后的场景：

在哈尔滨民航饭店的小会议室里，七点三十分，准时迎来了我和王晓光及大连市史志办公室单文俊、刘影，这二位便是在我调查取证时向我提供日本大连宪兵队原始资料的人，曾对我的取证工作给予了很大支持和帮助。大家落座后，金源同志走了进来，人们的目光都聚焦在门口，只见后面紧紧跟随一个步履蹒跚的人，只有一副干瘦干瘦的骨架，有皮无肉的包裹着，弯腰驼背，面颊瘪瘪的，托衬着高高的颧骨，两只眼睛凹陷在深深的眼窝里，更显露额头高突，满头花白的头发，散乱的几绺发丝，飘撒在额前可数，蹑手蹑脚地进入屋内，站在众人面前，看上去已有八旬开外，这个人就是三尾丰。

这时金源同志向前移动了两步，因为身材高大魁梧，选了个不影响加害方与被害方对话的地方，站在了我与三尾丰中间，还要兼顾到单文俊、刘影，用熟练的日语对三尾丰说：

“这位就是烈士王耀轩的遗族王亦兵先生。”

然后又指指那干瘦的老头用汉语说：“这就是原日本大连宪兵队、战犯三尾丰，是烈士王耀轩、王东升的亲手加害人。”

介绍时三尾丰深深地弯腰鞠躬，一动也不动，听金源所长话音刚落，就连忙向前跨了一小步像捣蒜般地连连鞠躬，接连不断地说：“我有罪，我有罪……”

接着金源所长又用汉语重复一遍，就这样金所长就开始用日语或汉语交替地重复着我们两人的对话。

“尊敬的王耀轩烈士家属、王亦兵先生，我有罪，是我随着日本帝国主义侵略军来到了中国，进行着疯狂的战争侵略。”

单文俊、刘影取出了身边的照相机，进行单张拍摄，留下了现在仅有的两张珍贵照片。我（指王亦兵）听着三尾丰的谢罪，怒火中烧，如果不是经过中国共产党多年来的培养教育，不是通情达理。胸怀大局的一个老共产党员，非要站起来先把他痛打一番不可，什么“三尾蜂”、“两尾蜂”的，先把他的“蜂尾”打掉再说，看你还害人？最后还是理智战胜了情感，我冷静了下来。

“是我任大连宪兵队本部曹长时，曾亲赴天津把令尊大人与堂兄逮捕的。由于我的罪行，造成了你们两家人的重大灾难。我有罪。我向您并向您的全家人谢罪。中国政府对日本战犯以‘恨罪不恨人’的仁德宽大政策，改造了我，也挽救了我，给了我第二次新生的机会，才能在今天当面地向你们请罪。我不仅在审问令尊大人时动用了酷刑，更严重的是，我把他们送到了七三一细菌部队，他们在那里牺牲了。我犯下的罪行是不可饶恕的，我的罪恶和日本细菌战的恶魔石井四郎一样地深重。我再次向你们、向中国所有受害人的家属谢罪。我将终生保持谢罪的意识，为中日的友好而奋斗。我愿在日本国内揭露那段日本侵华历史的罪行，并为王先生的诉讼出庭作证。我再次，不，我将永远地向中国的受害人特别是你们两家谢罪、谢罪。”

三尾丰说完之后，又连连深深鞠躬表示谢罪之意。

我听着面前的仇人向自己和家人谢罪，面前浮现着亲人参加革命，进行反满抗日活动，受到迫害最终牺牲以及家庭苦难生活的一幕幕。听完三尾丰的谢罪。我镇静了一下，调整着自己的情绪，咳嗽了一声，慢慢地说道：“是你亲手抓捕了我的父、兄，还动用了大刑，并把他们送进了那万恶的七三一细菌部队，他们被作人体实验牺牲了，你的罪恶是深重的。我们之间有着不共戴天的深仇大恨，你的罪恶是抹煞不了的，它将记入日本军国主义侵略中国的罪恶历史中。日本军国主义的投降，你被俘被送往前苏联监狱和中国的抚顺战犯管理所，你这也是罪有应得。在你改造的这十几年中，承认侵略事实，交代了自己的罪行，认罪态度还算老实，所以你得到了中国政府的特赦，于是你就从一个给中国人民造成严重伤害的战犯，经过改造，变成了一个新人，又重新获得了做人的权利。后来你又主动来中国，在你作恶最严重的地方大连市政府谢罪。今天你又向受害人当面谢罪，已说明了你接受改造的收获。中国有句话，叫作'苦海无边，回头是岸'，你既已认罪、谢罪，杀人不过头点地，按理也是可以宽恕的。不过你要言行一致，做一个有益于中日两国友好的人，切不可口是心非。"

三尾丰听了受害人的一番话，落下了罪恶忏悔的眼泪，低下头，连连深深鞠躬，谢声不断。谢罪活动持续了几十分钟，充当翻译的八十多岁的金源同志，也一直站立着，毫无倦意。他望着我，满意地笑了，我也会意地笑了。这是饱受侵略者残害的一代人在几十年后独有的、复杂的笑。仇人的谢罪，使我的心得到了一丝安慰。虽然亲人已牺牲作古，没有亲历这个场面，没有亲耳听到刽子手的谢罪，但是历史终究叫魔鬼在正义面前低下了头。这是对烈士亡灵的最大告慰，也是对千万善良的受害同胞及牺牲于日本法西斯屠刀下的烈士英灵之最大慰藉。

1995年8月，王亦兵赴日诉讼。8月16日，三尾丰在东京再次向王亦兵谢罪。一个月内，三尾丰在哈尔滨和东京前后两次向王亦兵谢罪。在东京谢罪的现场，王亦兵终于站起来同三尾丰握手。当时的日本评论文章如潮，其中有这样一句话"跨越仇恨而握手"。看到这样一句评论，我一直在想，王亦兵和三尾丰的仇恨究竟是什么？放在当下又是怎样的一种心结？对于国家历史造成的个体生命的伤害，如何能够通过一次握手而跨越？

1999年9月22日，日本东京地方法院公布对"七三一部队伤害案"审理结果。法庭审理认为，在15年侵华战争期间，本案中的日军的迫害行为皆是非人道的，迫害的事实，在各种证据的证明和辩论过程中一目了然。本案中亲身遭受过日军迫害的原告们以及证人三尾丰的证言是真实可信的，日本政府应真诚地向中国人民谢罪。由于日中两国人民的感情是两国关系的基础，所以无论是现在还是将来，为了保持和中国的友好关系，维护和平，日本政府一定要作最深刻的认识。最后伊藤刚法官说道："以战争引起的个人被害，应由国家政府间解决，政府无答责。"最终驳回了王亦兵等人的上诉。2004年7月29日，王亦兵再次奔赴日本诉讼日本政府，同样败诉。2005年，王亦兵上诉到日本最高法院，日本最高法院以"中日联合声明中的中国人对日本国索赔权已被放弃"为由驳回上诉。

第三章 人体实验

七三一部队自一九三三年建立到一九四五年灭亡，为了准备和实施细菌战，长期进行反人类、反文明、反伦理的人体实验。

七三一部队自1933年建立到1945年灭亡，为了准备和实施细菌战，长期进行反人类、反文明、反伦理的人体实验。大量中国人、苏联人和朝鲜人被强制用做各种细菌战人体实验材料，以活体解剖、细菌感染、冻伤实验等方式被七三一部队残害致死。七三一部队将人体实验冠以“国家利益、科学研究和医学发展”的名义，对人进行蓄意折磨、伤害和杀戮，这些令人发指、惨无人道的战争犯罪在东京审判上并没有被提起诉讼，这些残暴的军医及其同谋们没有被追究战争责任，没有得到应有的制裁和惩罚。这些军医在战后脱掉恶魔的外衣，堂而皇之地进入日本的军事部门、教育机构和大专院校担任公职，他们中有的人用在七三一部队取得的知识和经验获取政治经济地位，有的人以人体实验成果取得博士学位、副教授、教授职称，有的开设私人医院和医药公司牟取暴利。在此过程中，这些医生和“专家们”没有进行深刻总结和全面反省，并且占据了日本医学界的要职。他们长期从事的人体实验犯罪行为和历史事实被隐瞒和掩盖下来，造成了深远的社会影响和难以估量的战后危害，因此对日本医学界的战争责任、医学伦理和职业道德问题进行考察和反思，成为一个具有历史价值和现实意义的课题。

秘密中的秘密

1933年，刚刚建立的七三一部队在今五常市背荫河镇专门设立了“东满大狱”，用来关押抗日志士并将其用作人体实验材料，自此开始了长达13年的人体实验。1938年，七三一部队营建平房本部时，专门建立了人体实验核心区域“四方楼”，以及关押“马路大”的“特设监狱”。四方楼规模庞大，由四栋三层的建筑合围而成，长150米，宽100米；特设监狱由两栋两层建筑组成，同时可以关押400人以上。七三一部队还同关东宪兵队、警察局、保安局、特务机构秘密勾结，实施了大范围、大规模的特别移送，以保证人体实验所需要的活人数量。

为了开展人体实验，七三一部队专门设立细菌研究部，主要任务是开展细菌的培养、实验和研究。根据细菌研究科目区分设置了研究班，各研究班以其负责人姓氏命名，如研究鼠疫的“高桥班”、研究霍乱的“凑班”、研究炭疽的“太田班”、研究结核的“二木班”、研究病毒的“笠原班”、研究冻伤的“吉村班”、研究赤痢菌的“江岛班”、研究病理的“冈本班”、研究血清的“内海班”。七三一部队对鼠疫、霍乱、伤寒、炭疽、结核、病毒等至少50余种细菌和病毒开展实验和研究。与此同时，七三一部队还在四方楼之外设立了毒气实验室和毒气储存室，开展毒气实验，研究和生产毒气战剂、毒气面罩、防护服等。

图3-1　七三一部队四方楼航拍图（1940年）。

四方楼和特设监狱是人体实验的核心区域，是七三一部队秘密中的秘密。作为“实验材料”的人一旦被移送到七三一部队，这些人便被剥夺了一切权利，被关押在特设监狱，编成了一个三位数的号码，没有姓名、职业、年龄等一切有关身份的信息，他们成了只有在七三一部队才有的名称“马路大”，“马路大”的意思是被剥了皮的木头。这些“马路大”被七三一部队特别班关押起来之后，一开始并不对他们实施各种实验，而是给他们正常的饮食，并让他们进行适当的活动，以达到一个健康人的状态。当哪个研究室需要人体实验材料，特别班就从特设监狱挑选出已经恢复健康状态的人，然后在黑板上写上由三个数字组成的编码，每一组编码代表的就是一个人。

关于人体实验受害者的人数，七三一部队第一部部长川岛清少将在伯力审判时供述：“从1940—1945年间，通过这个杀人工厂，因染受致命细菌而被消灭的至少有3000人。至于在1940年以前被消灭的人究竟有多少，那我却不知道。”[①] 七三一部队人体实验实施的时间长、规模大，由于在败逃时销毁和转移了几乎所有的档案，目前尚未发现1933至1938年之间的人体实验受害者的记录，但是通过当事者后来追诉，可以肯定死于人体实验的受害者实际上要远远多于3000人。

人体实验的类型

七三一部队进行了大规模、大范围的人体实验，实验对象有战俘、情报人员、劳工、农民、手工业者、妇女和儿童等，人体实验的类型也是五花八门、多种多样，主要有活体解剖、冻伤实验、毒气实验、空气传染、口服实验、皮下注射和野外投弹等。

---

① 前日本陆军军人因准备和使用细菌武器被控案审判材料. 外国文书籍出版局，1950：21.

活体解剖

七三一部队进行了惨无人道的活体解剖实验，这些受害者有男人也有女人，还有未成年人，甚至婴儿。七三一部队进行活体解剖时，一般不对被解剖的“马路大”进行麻醉，而是将“马路大”的四肢和头部绑在专用的手术台上。因为经常做这样的活体解剖，解剖台上都设有固定的捆绑装备，“马路大”被固定好之后，为了防止他们喊叫，在他们嘴里塞满了医用纱布。

原关东宪兵队司令部第三课长吉房虎雄在战后供述了他陪同关东军司令官原守少将视察七三一部队的情况。吉房虎雄供述道：“我们沿着走廊向前走了约3米，向左一拐就到了解剖室。在那里，有3个日本军医挤在一块看着什么，一看见石井部队长来了都立即站起，立正举手敬礼，直到石井发出‘照常进行’的话后，他们才恢复正常的活动。地中间放置一个大解剖台，上边有一具躯体，连戴口罩的我们都觉得恶心。石井四郎冷笑着说：‘在这里工作得有胆量呀！可是有的军医却成了疯子！’”①

在七三一部队泯灭人性的行为中，这些军医们作出了更为疯狂的举动，他们将七三一部队的一名成员也用作了人体实验材料。田村良雄供述说：“这次解剖是不许说的绝密。须藤良雄是第四部第一课的雇员，因为生产鼠疫菌而感染了鼠疫。在特别班解剖室里，细矢技师执刀进行活人解剖实验，我是细矢技师的助手。细矢先解剖了一个中国人，紧接着，铃木下令解剖须藤良雄。生命垂危的须藤良雄被送进了解剖室。”

口服、注射、传染实验

二战后，美军德特里克基地诺伯特·费尔博士赴日本调查了石井四郎、增田知贞、金子顺一、内藤良一等人，于1947年6月20日撰写了《日本细菌

① 金成民. 日本细菌战. 哈尔滨：黑龙江人民出版社，2008：132.

战活动最新资料概要》[①]，即通常所说的《费尔报告》。《费尔报告》详细记述了七三一部队通过口服、注射、传染等方式进行炭疽、鼠疫、伤寒、甲乙型副伤寒、痢疾、霍乱和马鼻疽等细菌人体实验的情况。费尔报告中引用的数据全部都是人体实验数据，记载了七三一部队像使用动物一样使用活人测定出各种细菌的最低感染量和致死剂量。

费尔有一段令人触目惊心的描述："把橡皮管插进3个受试人的鼻子里。所有这3个人在吸入约0.1毫克细菌后全部被感染。"费尔还在报告中写道："炭疽菌人体皮下注射的半数感染量是10毫克，人体口服的半数感染量是50毫克，皮下注射感染人群死亡率为66%，口服感染死亡率为90%，开放性伤口和吸入感染死亡率为100%。鼠疫菌皮下注射的半数死亡感染量为10^{-6}毫克，口服为0.1毫克，在浓度为5毫克／立方米的空气中呼吸10秒，受感染几率为80%，直接感染潜伏期一般为3～5天，在发热后3～7天内出现死亡。口服伤寒菌的半数感染量是4毫克，口服甲乙型副伤寒菌的半数感染量是1毫克，口服志贺菌的半数感染量是10毫克。口服霍乱菌半数感染量是10^{-4}毫克湿菌，此种病例有一半会在5天内死亡。马鼻疽实验，人体皮下注射的半数感染量是0.2毫克，由此产生的死亡率是20%。"

上田弥太郎曾经作为助手参与鼠疫菌感染的比较实验，他在抚顺战犯管理所供述说："首先在5名受试者身上注射0.1克鼠疫菌，5名注射0.2克，5名注射0.3克，观察结果做出第一种比较表。其次又各用5名受试者，分别埋入0.1克鼠疫菌、0.2克鼠疫菌、0.3克鼠疫菌，观察结果做出第二种比较表。第三种比较表仍各用5名受试者，分别内服0.1克鼠疫菌、0.2克鼠疫菌、0.3克鼠疫菌，观察结果做出第三种比较表。"[②]在一次鼠疫实验中竟然使用了45个人，充分反映出七三一部队进行人体实验的数量多、规模大，完全将人作为

---

① 日本细菌战活动最新资料概要. 马里兰州：美国国家档案馆Ⅱ馆，67A4900条目，196盒.

② 日本帝国主义侵华档案史料选编——细菌战与毒气战. 北京：中华书局，1989：72.

实验动物开展疯狂的实验、凌辱和屠杀，完全忽略了人作为个体生命的存在。在这些军医的眼中，失去自由的“马路大”只是他们实验的对象，是理想的实验材料，从中能够得到更准确的、更翔实的实验数据，达到其他实验所不能达到的各种实验效果。这样的行为完全背离了医学研究造福人类社会进步与发展的宗旨，肆无忌惮地践踏了作为人原本应该拥有的尊严和权利，是赤裸裸的人权犯罪。

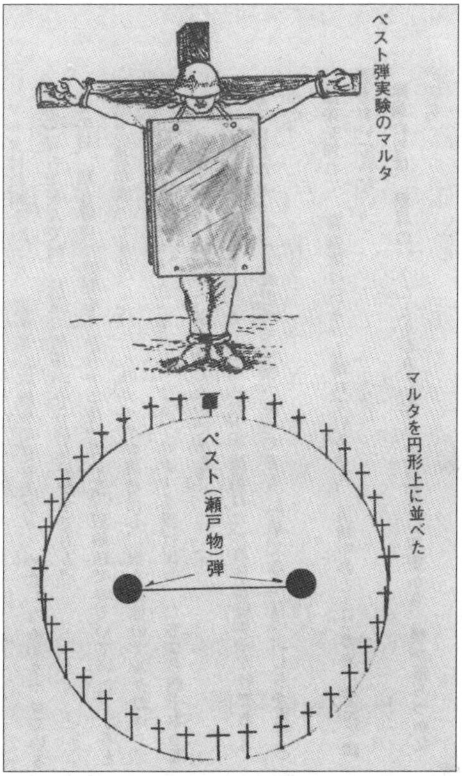

图3–2　七三一部队老兵越定男绘制的安达野外实验场炸弹投掷示意图。

野外人体实验

为了进行大规模的野外人体实验，七三一部队在平房本部设立了城子沟野外实验场，在今黑龙江省安达市设立了安达特别实验场，在今吉林省扶余市设立了陶赖昭野外实验场。七三一部队老兵的回忆录和汤普森报告、英格利斯报告、费尔报告中都记载了七三一部队进行野外细菌炸弹人体实验的情况。

七三一部队以鼠疫菌作为攻击型细菌战剂进行了次数最多的野外实验和室内实验。费尔报告中写道：“鼠疫实验时将受试人囚禁在屋子里，通过飞机低空喷洒细菌，受试人中有30%～100%受到感染，死亡率至少为60%。使用带有导爆索的UJI陶瓷炸弹进行爆炸实验，把跳蚤同沙子混合后再装进炸弹，约有80%的跳蚤在爆炸后仍能存活。在一个10平方米的房间内，对10名受试人进行爆炸实验，10人中有8人受到跳蚤叮咬而被感染，这8人中有6人死亡。”

七三一部队还将炭疽杆菌、鼠疫、伤寒、霍乱、鼻疽杆菌、痢疾、副伤寒菌等作为细菌炸弹填充物进行了野外人体实验。《英格利斯报告》记载：“将穿戴头盔和防弹衣的受试者绑在木桩上，以静止和投弹的方式引爆石井式陶瓷细菌炸弹，其中一次实验中使用了15名活人作为实验对象，其中6个人被炸弹炸死，4个人被炸弹碎片炸伤并感染炭疽细菌，这4个人中有3个人死亡。在另一个使用石井式陶瓷细菌弹的实验中，10个人中有4个人经呼吸道感染死亡，这4个人距离炸弹爆破地点最近距离是25米。”①

七三一部队不仅使用人进行野外实验，还使用马、牛、羊等动物进行野外实验，《汤普森报告》记述到：“在细菌炸弹实验中，炸弹在15米高的静止状态下引爆，让动物在下风向啃食被污染的草地1～2小时，接近70%的马匹和90%的羊死亡。”②

冻伤人体实验

七三一部队专门设有冻伤实验室，进行冻伤实验和生产干燥式细菌，以及研究冻伤的预防和治疗方法。随着冻伤实验室负责人吉村寿人的论文《关于冻伤实验》③等资料被发现和公开，冻伤实验的全过程也被揭露出来。根据论文内容可以断定吉村寿人所使用的数据是在冻伤实验室取得的实验

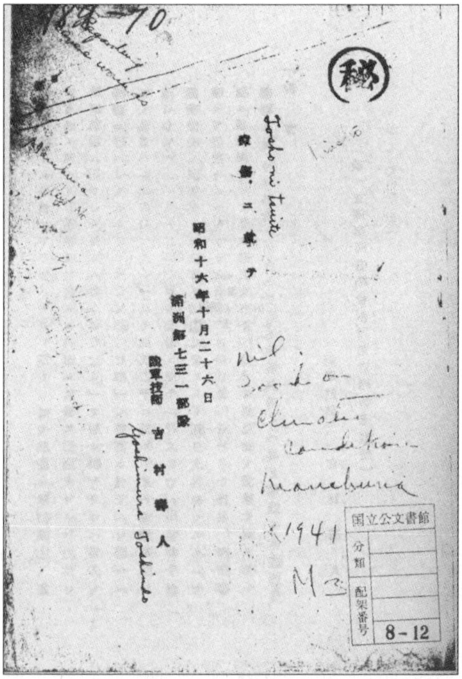
秘
凍傷ニ就テ
昭和十六年十月二十六日
滿洲第七三一部隊
陸軍技師 吉村壽人
国立公文書館
分類
配架番号 8-12

图3-3　吉村寿人于1941年10月26日撰写的《关于冻伤实验》。(日本国立公文书馆藏)

① 托马斯. B. 英格利斯. 来自海军方面的生物战报告. 马里兰州：美国国家档案馆Ⅱ馆. 199条目，103盒.

② 关于日本生物战研究和准备状况的报告. 参考文献收集国际工作小组，马里兰州：美国国家档案馆Ⅱ馆，2910.

③ 松村高夫，田中明. 七三一部队作成资料. 东京：日本不二出版社，1991：225-281.

结果。从事冻伤人体实验的不单单是七三一部队，日军各防疫给水部也干着人体冻伤实验的罪恶勾当。

图3–4　冷冻预感器，下面文字是：日本关东军第七三一部队防疫给水部。（张广胜提供）

据《极密 · 驻蒙军冬季卫生研究成绩》[1]记载，1941年3月，华北军防疫给水部与驻蒙军团防疫给水部共同进行的一次野外冻伤实验，地点在锡林郭勒盟西苏尼特地区。被用作实验材料的是8名中国人，姓名是刘春（27岁）、潘春（22岁）、高付（33岁）、下关（15岁）、高百（49岁）、郝贵（35岁）、张义（21岁）、陈远（38岁），这些受害者显然是被日军人为隐去了姓或名。对于此次实验的目的，资料记载：“是为了严寒期在内蒙古草原作战时卫生服务的需要，是为了下次作战的调查准备。”这是日军防疫给水部之间联合进行的人体实验，在进行活体冻伤实验过程中，通过不同时间观察人体病理变化和病变特征，记录相应的数据，还在现场拍摄了照片辅助说明实验效果。

图3–5　冻伤实验实施之前，日军监视看管坐在草地上的八名“受试者”。

① 极秘 · 驻蒙军冬季卫生研究成绩. 日本：现代书馆，1941.

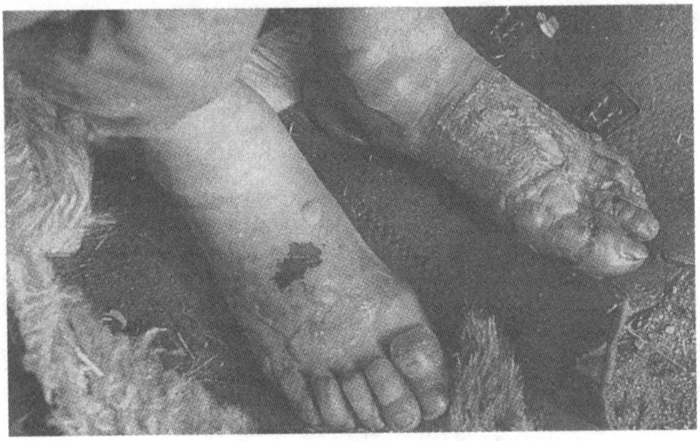

图3-6　冻伤实验实施后，受试者脚部病变状况。

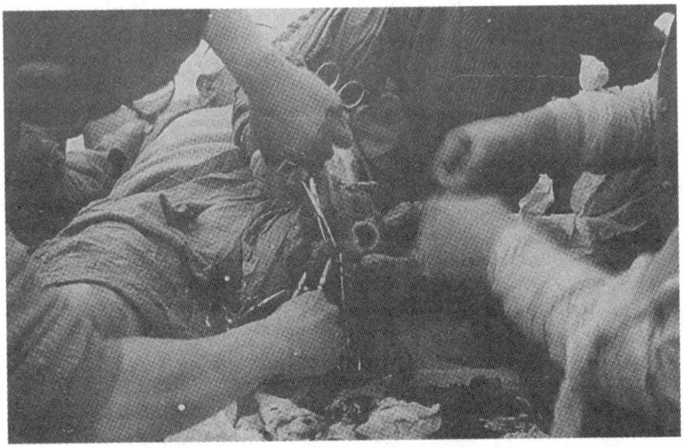

图3-7　日军正在进行活体解剖。

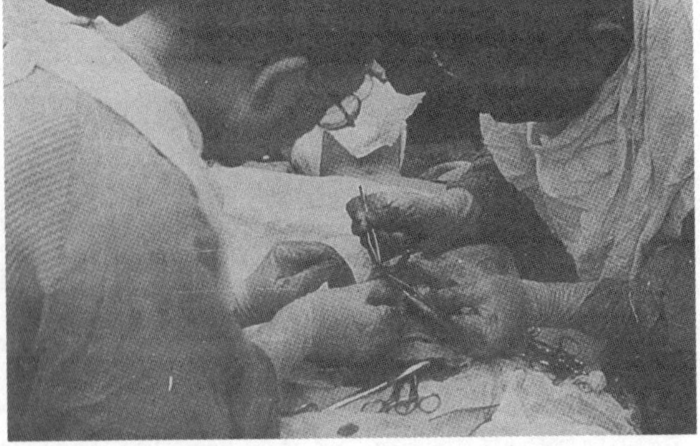

图3-8　日军正在进行活体解剖。

在这份资料中有非常详细的活体冻伤实验数据，资料记载，1941年2月6日6时30分至9时30分，室外气温在零下24度至零下27度，风速约为每秒5米，将活体受试者置于担架上，使其仰卧，观察冻伤发生的情况。日军将活体受试者分成五种类型，即赤手及穿着湿润的袜子，戴着湿润的手套及穿着过小的军靴，饮用过酒，空腹，服用了阿托品。

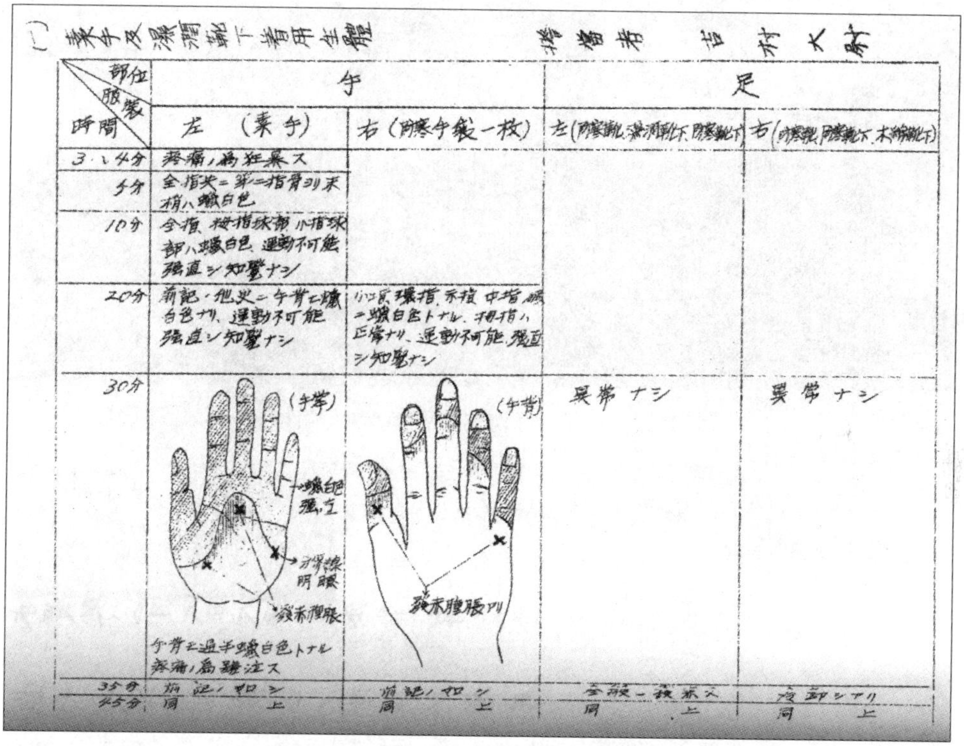

图3-9　冻伤实验列表，用于说明手部在不同时间的病变情况。

这8个人被日军冻伤实验折磨之后，又被残忍地活体解剖，而且还拍摄了活体解剖现场照片，日军还自欺欺人地进行吊唁“你们是为人类医学的进步而献出了生命”。

图3-10　日军对冻伤实验受害者进行祭悼。

毒气人体实验

七三一部队为准备和实施毒气战专门设立了毒气实验室。笔者赴马里兰州美国国家档案馆Ⅱ馆查阅的相关档案记载，七三一部队设置了毒气实验室，下设研究部、生产部、实验部、防毒气部。毒气实验室完成了多种毒气类型的区分，毒气面罩、防护服的实验和研制；完成了石井式毒气测定仪、石井式防毒药物、石井式毒物监测试纸和消毒剂的研制。从战后在七三一部队遗址上采集的大量防毒面具，以及现存的“瓦斯实验室”和“瓦斯储藏室”旧址的规模来看，可以同档案记载的内容相互印证，说明七三一部队不仅是以细菌战为目的进行细菌武器研究的秘密部队，而且还是以毒气战为目的进行毒气武器研究的秘密部队。

图3–11　作者（中）在美国国家档案馆Ⅱ馆查阅资料。

鲜为人知的是，七三一部队还进行了一定规模的毒气实验，并在毒气实验及毒气武器研制过程中进行了人体实验，而且早在1933年就开始了人体毒气实验。《将军的遗言—远藤三郎日记》记载：“十一月十六日，星期四，晴，上午八点半和安达大佐、立花中佐一起到交通中队内的实验场去视察实验的实情。第二班是毒瓦斯和毒液的实验、第一班是电力的实验。各班分别以两名“匪贼”进行实验。在瓦斯实验室中实验的人，一个经过五分钟的碳酰氯（毒气）实验引起肺炎、病危，比昨天的更严重，

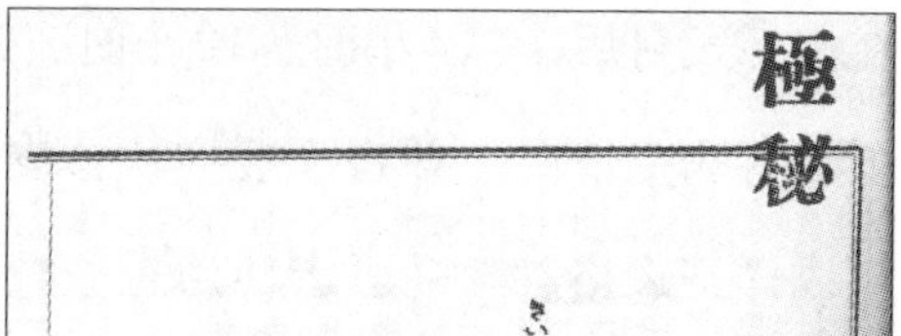
極秘

黄弾射撃ニ因ル皮膚傷害
並一般臨牀的症状観察

加茂部隊

池田少佐擔当

陸軍

图3–12　加茂部队池田苗夫少佐的毒气人体实验报告书《因黄弹射击引起的皮肤伤害及一般临床的观察》封面。

有生命迹象。另一个注射了十五毫升氰酸钾后，大约经过二十分钟便失去意识。”①

1983年，日本庆应义塾大学松村高夫发现了七三一部队毒气实验报告书《因黄弹射击引起的皮肤伤害及一般临床的观察》。②该报告书共47页，附地图3张，作者是加茂部队池田苗夫少佐，加茂部队即是七三一部队最初使用的代号，时间是1940年9月7～10日，地点是在牡丹江地区，内容是使用20人进行人体毒气实验。七三一部队将20名受试者分别安置在伪装掩体、壕沟、休息室三个区域内，然后对受试者进行芥子气攻击，观察毒气中毒情况并获取相关病变数据。报告中记载：“野炮向第一地区发射了1800发芥子气弹，向第二地区发射了3200发芥子气弹，向第三地区发射了4800发芥子气弹。第一地区5人作为受试者。第二地区6人作为受试者。第三地区9人作为受试者。”在炮弹发射后，以4小时、12小时、24小时、48小时、72小时为间隔，观察受试者病变情况，并将一般症状、皮肤、眼部、呼吸器官、消化器官的症状列成详细表格。将受试者使用三位数字编成不同的号码，直接隐去姓名等信息，显然同七三一部队对“马路大”采用的方式相同。

美国保存的三个实验报告书

2011年11月，笔者赴美国华盛顿国会图书馆科学技术商务部档案室查阅了七三一部队资料，在Tomoko Y.Steen女士的协助下复制了七三一部队成员撰写的三份实验报告书，即炭疽菌A报告、鼻疽菌G报告、鼠疫菌Q报告，这三份报告书都是二战结束初期美军同七三一部队秘密交易的核心资料。

---

① 宫武刚．将军的遗言——远藤三郎日记．每日新闻社，1986：77.

② 松村高夫，田中明．七三一部队作成资料．东京：日本不二出版社，1991：1-42.

图3-13　作者（左）在美国国会图书馆科学技术与商务部查阅A、G、Q档案，右为Tomoko Y.Steen。

炭疽菌A报告

炭疽实验A报告，“A”指的是炭疽“Anthrax”，是七三一部队通常标识炭疽菌的代号，全文406页，全部使用英文书写，报告封面上写着“达格威实验基地技术图书馆，1960年5月6日”。A报告的第292页到第311页，是腺素腺体的病理变化情况，在这部分引用的显微镜观察照片第“M325号”和“M54号”的说明中标识“德特

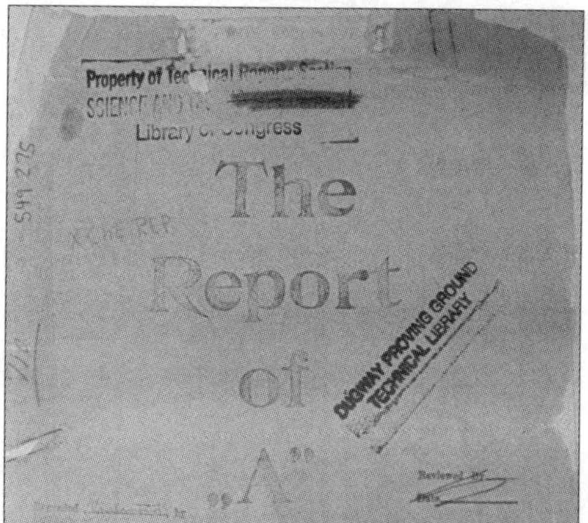

图3-14　七三一部队炭疽菌人体实验A报告书封面。

里克”字样，“德特里克”即是美国细菌战秘密研究基地，据此可断定A报告也曾经保存在美国德特里克基地，供美军开展炭疽菌研究。

A报告共分为两个部分，第一部分是前言，共有16页，包含了报告书中所列病例的基本信息。第二部分是微观详细调查。A报告记载的30个病例，因感染途径的不同被分成了三类：第一类是经皮肤感染，有1个病例；第二类是经口服感染，有9个病例；第三类是经鼻腔呼吸感染，报告前言说明为20个病例，但档案记载的病例编号实际上共有22个。何以出现22个病例且与前言记载有明显的数量上的差别？笔者初步判断是当年七三一部队配合美军将日文翻译英文过程中出现的问题，通过对报告进行全面的分析可以判定，经鼻腔呼吸感染的病例是20个，两个编号是多余的，无从查考。报告书所载的30个解剖病例全部为成年男性，笔者根据A报告记载的信息整理了受试者基本信息。

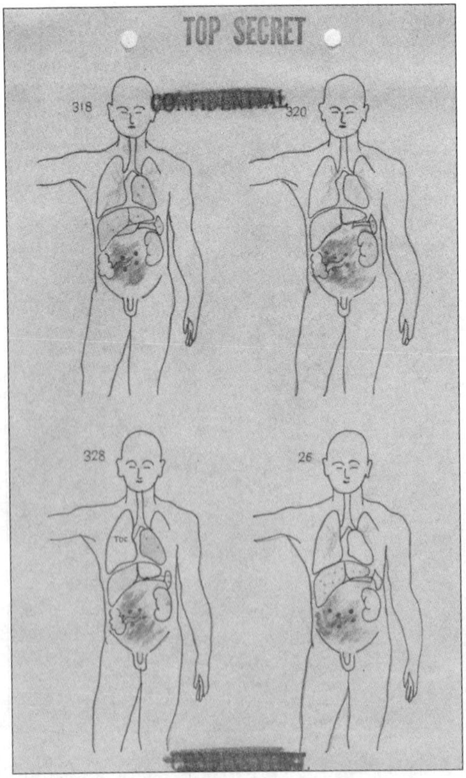

图3-15　A报告书记载的器官感染图。

报告书所记受害者姓名、职业、出生地等基本信息被隐去，完全变成了只有编号的“马路大”，年龄信息作为人体实验参考信息被保留，也就是说与人体实验效果无关的信息被隐去。报告书中受试者年龄最大者40岁，1人，年龄最小者25岁，5人，平均年龄29.88岁，平均过程天数是2.88天。通过显微镜观察，对人体的心脏、肺、扁桃体、支气管及咽部、肝脏、肠胃、脾脏、肾脏、胰腺、肾上腺、甲状腺、睾丸、脑垂体、脑、皮肤、淋巴结和其他器官的感染路径、感染程度及病变情况进行了详细记录。

A报告所记经口服感染9个病例的总体情况是："通过口服含炭疽菌的食物感染，这些人几天后全部因为严重的腹部感染和腹水出血症状死亡。"A报告所记经鼻腔呼吸感染20个病例的总体情况是："在一些牢房中突然爆发的炭疽病疫情，接连有20人被含有炭疽菌的污浊空气感染，几天后这些人由于严重的胸腹部症状全部死亡。感染初期他们主诉患严重的扁桃体炎症，之后由于炭疽病菌在体内扩散，他们出现了严重的出血症状，扩散的途径主要有两个，支气管周围和口腔周围。"根据以上文字记载，使我们明显感到报告中包含人体实验的信息："口服""牢房""炭疽""空气感染""感染初期主诉"等。从爆发炭疽病的环境地点"牢房"，口服含有炭疽菌食物，空气污染等方式方法以及病变情况来看，A报告是七三一部队进行炭疽感染和病理解剖的人体实验报告书。

鼻疽菌实验G报告

G报告中的"G"指的是"Glanders"，是七三一部队通常标识鼻疽菌的代号，该报告为七三一部队进行鼻疽感染的人体实验报告书，全文373页，记载了21个受试者的人体实验信息。G报告内容为两部分：第一部分是前言，包括所有受试者的病例信息、传染程度和病变过程；第二部分是通过显微镜观察各个器官感染和病变的情况，这些器官

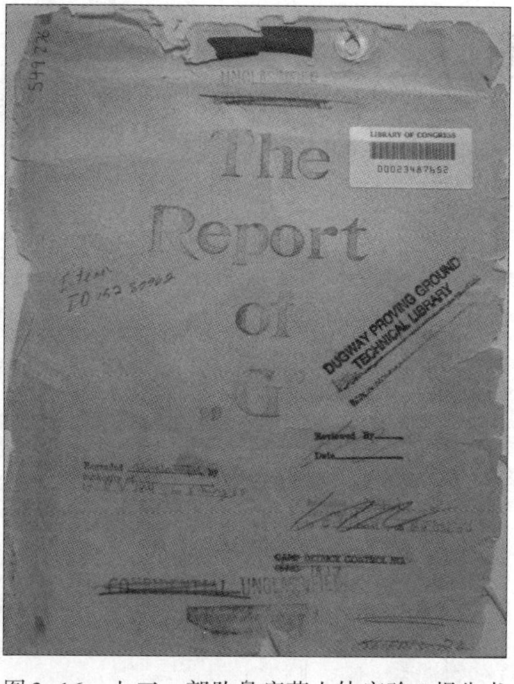

图3-16　七三一部队鼻疽菌人体实验G报告书封面。

包括心脏、肺、扁桃体、支气管和咽部、肝脏、胃肠、脾脏、肾脏、胰脏、肾上腺、甲状腺、胸腺、睾丸、脑垂体、大脑、皮肤、淋巴结和其他器官等。

G报告将人体实验受害者死亡状况分成以下几类：一是急性期，共有8个病例，档案记载中缺失一个号码，病理变化是伴有败血病中毒症状，器官临近部分局部存在败血病病变，不存在明显的质性病变；二是亚急性期，共有7个病例，档案记载多出一个号码，病理变化特征是在大约两周后出现明显严重的全身转移，尤其是局部肺部病变，并伴频繁发生的出血胸膜炎，由于全身转移，发生局部严重渗出性病变，尤其是肺部和肝脏；三是亚慢性期，有3个病例；四是较慢性期，有3个病例，病理特征是由于全身转移造成的肺部、肝脏、肠、淋巴结、肾脏、肌肉、甲状腺等转移性病变。

鼠疫菌实验Q报告

同A报告一样，Q报告封面上也写着“达格威实验基地技术图书馆，1960年5月6日”。Q报告中的“Q”指的是鼠疫菌实验代号，同A和G代表的英文缩写有所不同，该报告记载，1940年，中国长春和农安两地发生了鼠疫流行，七三一部队病理班班长石川太刀雄、鼠疫班班长高桥正彦在9月29日至11月6日期间对染疫者57例进行解剖的情况。Q报告最初保存在美国德特里克基地，后被转移到了犹他州达格威实验

图3-17　七三一部队鼠疫菌人体实验Q报告书封面。

场研究中心，于1978年被解禁。Q报告没有标识作者姓名，但是报告前言部分提到了“高桥博士和其他人进行过流行病学和细菌学调查”，高桥博士即为七三一部队鼠疫研究班班长高桥正彦，他曾写过《论昭和十五年农安及新京发生的鼠疫流行》①一文。

Q报告每页档案都标有页码，按页码标识共有744页，但其中缺少第444页，全部报告现存743页，该报告共有图片453张、表格56张。Q报告共分为四个部分：第一部分是第1页到263页；第二部分是264页到491页；第三部分是492页到621页；第四部分是622页到744页。Q报告所记解剖病例共计57例，以N为序列的39例，以S为序列的18例。通过显微镜观察，对人体的心脏、肺、扁桃体、支气管及咽部、肝脏、肠胃、脾脏、肾脏、胰腺、肾上腺、甲状腺、胸腺、睾丸、脑下垂体、卵巢、皮肤、淋巴结和其他器官的感染路径和感染程度等进行了详细记录。

Q报告记载的57个病例，是男女老幼混杂的病例，也是病原感染途径各自不同的病例，分别标识病例号、姓名、年龄、性别、病型、病原的入侵部位等。

小结

综合美国国会图书馆保存的A、G、Q三个实验报告书，以及目前公开的中文和日文资料，可以得出以下结论：

1．这三个报告书是在美国解密档案中记载最为全面的人体实验报告书，是七三一部队进行人体实验的重要证据。可同黑龙江省档案馆和吉林省档案馆发现的特别移送档案互为佐证，这也是继中文和日文档案之后，以英文方式记载的七三一部队医学犯罪记录，对于揭露七三一部队人体实验犯罪有着

① 陆军军医学校防疫研究报告. 东京：日本不二出版社，2004.

不可替代的史证价值。

2．这三个报告书记载数据翔实，有传染途径、感染天数、器官病变过程和死亡原因等信息，七三一部队将其作为重要的实验数据，为其进行炭疽、鼻疽、鼠疫细菌武器、感染效果、剂量选择及战争防疫研究提供了资料参考。

3．这三个报告有详细的时间、地点、实施人员及病例情况等数据，从中可以认定七三一部队进行病理研究的方式、方法、范围和内容，从而为更好地揭露七三一部队进行细菌实验的罪行提供了有价值的参考。

4．这三个报告记载的每个病例都是在进行显微镜检查之后，再综合分析病例的病理和病变趋向情况，并分析其形成的原因和感染的比例。从医学上讲，这又是三个较为详细的解剖报告书。七三一部队在从事细菌武器研究和实验的同时，也在医学上进行病理解剖和所谓的医学研究，但其目的是为日本侵华战争服务，其行为是完全背离了医学伦理和人道主义精神的。

第四章

细菌战

七三一部队在哈尔滨平房地区有预谋、有组织地建立了设施齐全、功能完备的细菌战基地，使这里成为日本策划、准备和实施细菌战争的核心区域。

七三一部队在哈尔滨平房地区有预谋、有组织地建立了设施齐全、功能完备的细菌战基地，使这里成为日本策划、准备和实施细菌战争的核心区域。七三一部队为准备和实施细菌战，对细菌炸弹、细菌战剂及细菌战术进行了大规模的野外实验，征购了大量黄鼠、白鼠、兔子等作为实验动物，此外为传播疾病繁殖了大量跳蚤、虱子、苍蝇、蚊子等传染媒介物，对鼠疫、霍乱、伤寒、炭疽、鼻疽和结核等至少50种细菌开展实验和研究。自1939年诺门罕战争开始，以七三一部队为代表的各细菌战部队实施了大规模的细菌作战，范围遍及我国内蒙古、山东、浙江、湖南、云南等地，造成了难以想象的人间灾难。

细菌武器的研究与实验

美国国家档案馆保存的《英格利斯报告》、《汤普森报告》对七三一部队研发细菌武器进行了较为全面的介绍，内容既有细菌战进攻方面的研究，又有细菌战防御方面的研究。七三一部队针对不同的细菌种类在培养方式和传播方法上进行了野外人体实验，进而对实验效果作出分析、评价和总结。

据《汤普森报告》记载，七三一部队为进行细菌战开展了细菌病原体携带方式的研究，有炸弹携带、炮弹携带和飞机喷洒细菌病原体等几种方式。七三一部队于1937—1942年间共生产了1770枚细菌炸弹（见表4–1），共有7种类型，时间最早的是1937年生产的I型和RO型细菌炸弹，各生产了

300枚。1940—1942年生产了UJI50型细菌炸弹，这种类型的炸弹生产数量最多，共生产了500枚。另外，《英格利斯报告》中还记载了七三一部队研制了HA型、SI型和母子型3种类型的炸弹。据此可以断定，七三一部队至少进行了10种类型细菌炸弹的研究与实验。

表 4-1 细菌炸弹产量情况[①]

	炸弹	产量	生产年份
1	I型	300	1937
2	RO型	300	1937
3	U型	20	1939
4	GA型	50	1940
5	老型UJI	300	1938
6	UJI50型	500	1940—1942
7	UJI100型	300	1941—1942

备注：《英格利斯报告》记载的HA型、SI型和母子型细菌炸弹未标识其具体生产年份及产量。

石井式陶瓷细菌弹

石井式陶瓷细菌弹又名UJI50型炸弹，即所谓的宇治50型炸弹，石井指的是七三一部队首任部队长石井四郎，该型号细菌弹是老式UJI系列细菌炸弹的改良型，同石井式滤水机一样，都是由石井四郎直接参与研发设计的产品。

① 关于日本生物战研究和准备状况的报告. 美国国家档案馆，38号记录组，2097盒. 由中校阿沃尔·T. 汤普森撰写的报告书，马里兰州德特里克营地陆军勤务部队。1946.

❶ 设计图纸

图4-1 石井式陶瓷细菌弹设计图[①]

产量： 1940—1942年约生产500枚

重量： 25千克

有效负荷： 约10升

引信： 1型冲击引信（有延时功能），尾部引信（使用5年型改良型引信）

炸药： 约4米导爆索和500克TNT炸药

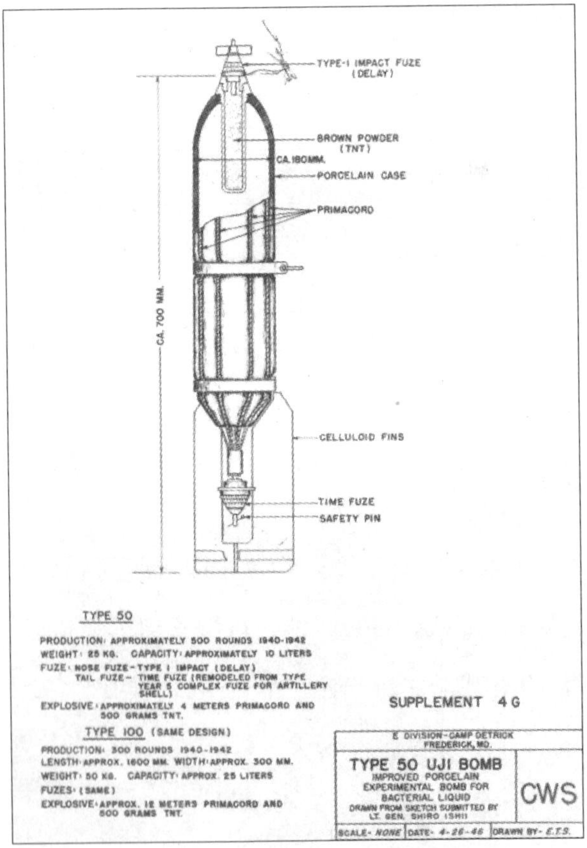

图4-1 七三一部队研制的石井式陶瓷细菌弹50型和100型细菌炸弹图纸。

① 阿尔沃·汤普森报告. 马里兰州：美国马里兰州弗雷德里克·帕特里克营地E部队，1946.

❷ 基本构造

据《英格利斯报告》记载，石井式陶瓷细菌弹采用陶瓷或硅藻土烧制弹壳，重25千克，有效载荷10升，弹体长69.6厘米，直径17.8厘米，其鼻部安装有冲击延时装置和一个含量约有500克三硝基甲苯（TNT）炸药的爆炸管。[1]用炸弹尾部的计时引信点燃4米长的导爆索，将炸弹在200～300米高处引爆，如尾部引信和导爆索失灵，炸弹鼻部爆炸装置的冲击仍可确保该炸弹爆炸，并将炸弹内的细菌填充物扩散。

❸ 实验情况

七三一部队在1941—1942年间对石井式陶瓷细菌弹进行了大量的实地实验，包括静止状态情况下的爆炸和飞机投掷后在空中的爆炸。早期的实验炸弹填充了染料和非致病有机悬浮体，后期的实验使用了炭疫芽孢悬浮液作为填充物，每立方厘米炭疫芽孢悬浮液的浓度为50～100毫克。石井式陶瓷细菌弹是专为填装带鼠疫菌的跳蚤而设计的，有一定的透气性，可保证疫蚤的存活。在石井式陶瓷细菌弹内装载炭疽菌粉剂和跳蚤，也能够保证跳蚤存活，且对目标具有较强的杀伤力。

❹ 产量

石井式陶瓷细菌弹是七三一部队生产最多的细菌炸弹，正如上文提到仅在1940—1942年，七三一部队就生产了500枚。从战后七三一部队本部旧址残留的大量破碎的陶瓷弹壳，以及位于哈尔滨市南岗区王岗镇一带的细菌弹壳制造厂旧址即1栋五层办公楼、2座烧制窑体和4座烟囱的规模来看，即可断定石井式细菌炸弹的生产规模非常大、生产数量非常多。

① 汤玛斯·英格利斯报告. 近藤昭二编译资料，3-15.

HA型炸弹

❶ 设计图纸

图4–2　HA型炸弹设计图纸[①]

产量：1938年约生产300枚

重量：40千克

有效负载量：0.7升

引信：12年型“托卡SHUPATSU”

炸药：约3千克棕色炸药（TNT）

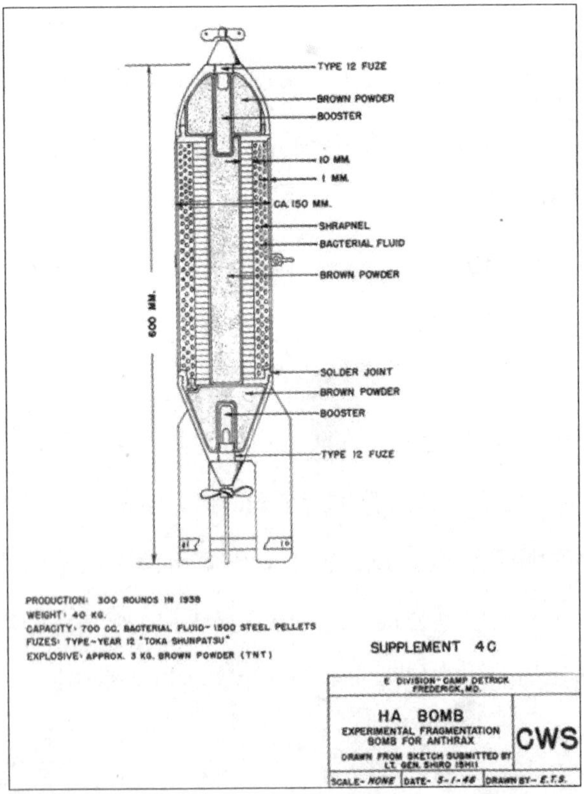

图4–2　七三一部队研制的HA型细菌炸弹图纸。

① 阿沃尔·汤普森．关于日本生物战研究和准备状况的报告．美国国家档案馆，1946：38号记录组，2097盒．

❷ 基本构造

重达40千克的HA型炸弹是一种破碎式细菌炸弹，通过抛射带有炭疽孢子污染物的榴弹碎片产生破坏力。该型炸弹具有双夹层结构，内部为一个中央爆炸管，周围有一个厚为10毫米的铁制分隔夹层，夹层和钢制弹壳之间为装药仓。装药仓容积为700立方厘米，装有约1500粒钢珠以增强弹片的杀伤力。装药仓和钢珠均涂有用以防腐的酚醛树脂清漆，并配有装在弹头和弹尾的冲击引信，该弹的弹头、弹尾仓内以及中央爆炸管中共装有3千克的三硝基甲苯（TNT）炸药。受到冲击后爆炸，HA型炸弹会按照水平方向高速抛射炸弹碎片、榴弹片和炭疽孢子。

❸ 实验情况

在1938—1939年间，七三一部队对HA型炸弹进行了实地实验。在静止状态测试中，填充物为染料溶液和有机物。以爆炸点为中心周围放置直立木板，来测定包括炸弹碎片和榴散片的大小、分布以及穿透力等数据，用于实验的动物也按照同样的方式分散排列。在冬季静态实弹实验中，通过冰面上碎片分布来测得实验数据，碎片和榴散弹被抛射到400～500米，在50米半径范围内，碎片分布密度为1片/平方米。在静止状态实验中，将炸弹埋入地下5米处，进行了破碎效果的研究。炸弹通过电雷管引爆后，通过过滤沙土的办法来评估破碎弹片的尺寸。在回收的破碎弹片里，大约有10%的弹片重量为1～3克、20%的弹片为3～5克、25%的弹片为5～10克、40%的弹片为10～15克，另有5%的弹片重量大于15克。

❹ 缺陷及不足

HA型炸弹具有以下四点缺陷：一是设计太过复杂而不适合大规模生产；二是由于略薄的弹体与弹头和弹尾被焊接在一起，细菌装载物易于发生泄漏事故，无法承受搬运和运输过程中产生的冲击力；三是其尺寸与普通航空炸弹迥异，因而很难悬挂在飞机上；四是填充的大量炸药破坏了40%～65%的细菌，致使杀伤力下降。

I型炸弹

❶ 设计图纸

图4–3　I型炸弹设计图纸①

产量：1937年约生产300枚

重量：20千克

有效负载量：2升

引信：12年型“托卡SHUPATSU”

炸药：约30克黑色炸药、50克棕色炸药（TNT）

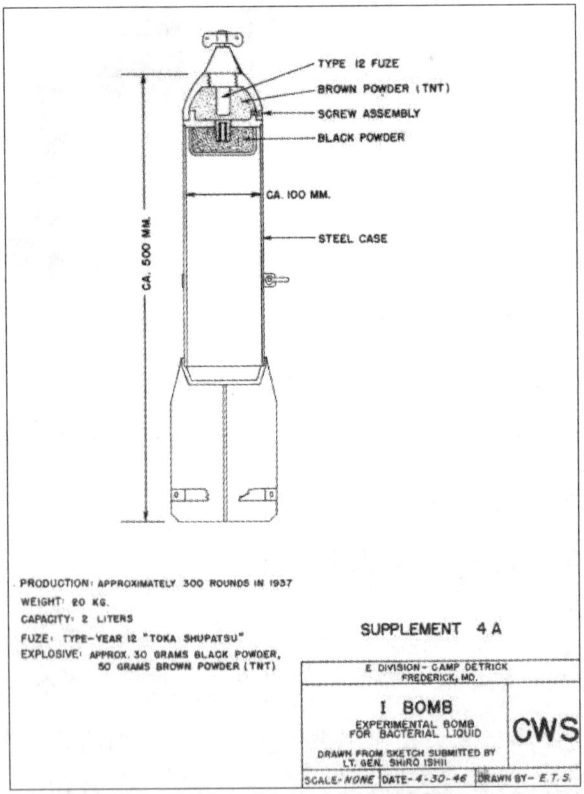

图4–3　七三一部队研制的I型细菌炸弹图纸。

① 阿沃尔·汤普森. 关于日本生物战研究和准备状况的报告. 美国国家档案馆，1946：38号记录组，2097盒.

❷ 基本构造

I型炸弹可能是首批为传播细菌液体而研发的炸弹，为改进型气体炸弹，该种型号炸弹的爆炸方式是弹头受地面冲击后爆炸，使弹尾脱落，继而射出细菌液体装载物。

❸ 实验情况

在1937—1938年间，通过静止爆破和飞机投弹方式对该炸弹进行了测试。在这些实验中，炸弹被填装至其容积的70%，其中包含0.1%的品红、2%～5%的淀粉溶液以及非感染性的病原体。根据填充物的不同，间隔20米放置试纸，组成一个50000平方米的矩形网格，用于评估扩散情况。在冬季实验中，可用雪作为背景来评估炸弹发生扩散的有效面积。在风速为5米／秒的情况下，静止状态爆炸的扩散面积可达1000～2250平方米。炸弹从飞机上投落后，通常首先埋入地面，然后爆炸。这样会产生一个漏斗状的深弹坑，炸弹不能有效扩散。弹坑的深度取决于投弹的高度。投弹高度为1000米时，弹坑深度为0.5～1米；投弹高度为2000米时，弹坑深度为1～1.5米；投弹高度为4000米时，弹坑深度为2.5～3米。然而，I型炸弹在爆炸前会有埋入地面的可能，致使其不能按时爆炸，I型炸弹出现哑弹的几率较其他型号的细菌弹大。

RO型炸弹

❶ 设计图纸

图4–4　RO型炸弹设计图纸[①]

产量： 1937年约生产300枚

重量： 20千克

---

① 阿沃尔·汤普森. 关于日本生物战研究和准备状况的报告. 美国国家档案馆，1946：38号记录组，2097盒.

有效负载量：2升

引信：12年型“托卡SHUPATSU”

炸药：约30克黑色炸药、40克棕色炸药（TNT）

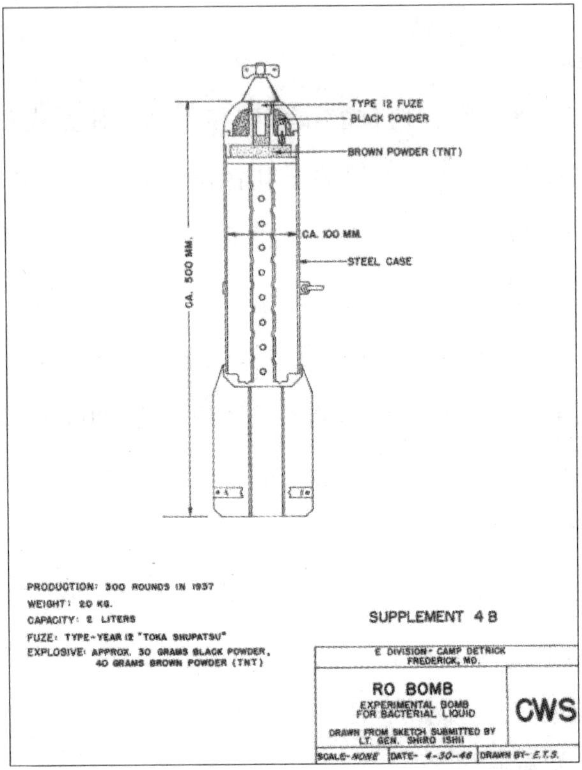

图4–4　七三一部队研制的RO型细菌炸弹图纸。

❷ 基本构造

RO型炸弹，无论在尺寸上还是外观上都与I型炸弹相似。其弹头设计新颖，由前室和后室两部分组成。与地面接触后，前室发生爆炸，会将炸弹向空中抛至10～15米高度，随后后室爆炸，弹尾爆裂并喷射细菌填充物。

❸ 实验情况

RO型炸弹的填充物及实验方法与I型炸弹相同，即炸弹被填装至容积的70%，其中包含0.1%的品红、2%～5%的淀粉溶液以及非感染性的病原体。

根据填充物的不同，间隔20米放置试纸，组成一个50000平方米的矩形网格，用于评估扩散情况。在静止状态测试中爆炸扩散面积为4000～9000平方米，同时因为爆炸后的冲力产生一个漏斗状的深弹坑。

❹ 缺陷

由于RO型炸弹与I型炸弹均使用12年型“托卡SHUPATSU”引信，导致其出现与I型炸弹同样的问题，即体积较小，爆炸前有埋入地面的可能，哑弹几率大，因此RO型炸弹也被认为没有进一步改进的价值而弃用。

SI 型炸弹

SI型炸弹重达50千克，其设计与HA型炸弹大致相同，SI型炸弹弹身较HA型炸弹长出约10厘米，有效装载能力为1升，然而其炸药使用量只相当于铪弹用量的50%。因其使用炸药较少，所以细菌的存活率更高，但是其炸弹碎片的穿透力和扩散区域有限。

U型炸弹

❶ 设计图纸

图4–5　U型炸弹设计图纸[①]

产量：1939年约生产20枚

重量：30千克

有效负载量：25升

引信：12年型“托卡SHUPATSU”和三秒延迟尾部引信

炸药：400克棕色炸药（TNT）

① 阿沃尔·汤普森．关于日本生物战研究和准备状况的报告．美国国家档案馆，1946：38号记录组，2097盒．

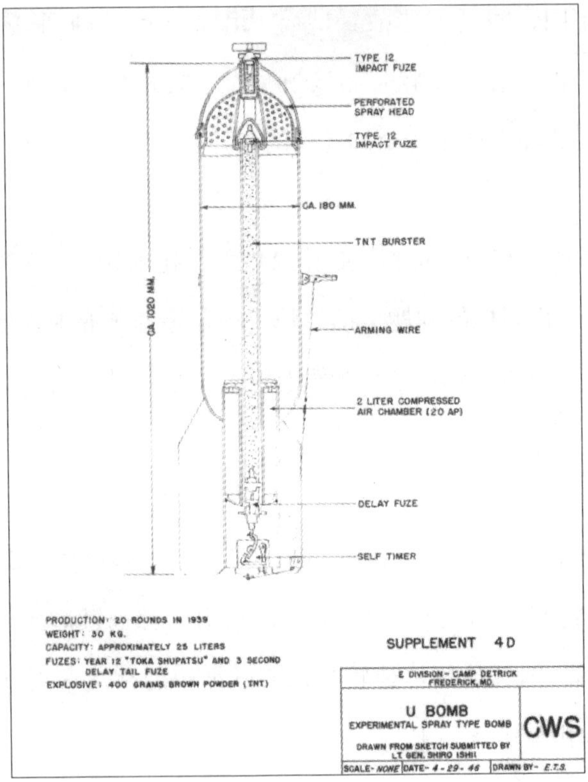

图4–5　七三一部队研制的U型细菌炸弹图纸。

❷ 基本构造

重为30千克的U型炸弹被设计用来在预定的高度通过压缩空气来喷射细菌液体。该炸弹装有一个可拆卸的鼻部，上面覆有一个喷嘴。该炸弹配有冲击鼻部引信、一个延时尾部引信和一个尾部定时器，定时器在飞机投弹后开始运行。定时器的运行可以使中央爆炸管向前移动，将炸弹鼻部与喷头分离。受中央爆炸管的作用，压缩空气得以释放，从而将炸弹内部的填充物从喷头喷出，接触地面后，该炸弹自行爆炸。

❸ 缺陷

由于细菌填充物的泄漏、引信的缺陷和定时器的不准确性，也因为其结构的复杂性，U弹被认为不具有深度开发价值而弃用。

老型UJI炸弹

❶ 设计图纸

图4–6　老型UJI炸弹设计图纸[①]

产量：1939年约生产300枚

重量：25千克

有效负载量：约18升

引信：定时引信（炮弹采用5年型改良型引信）

炸药：约4米导爆索

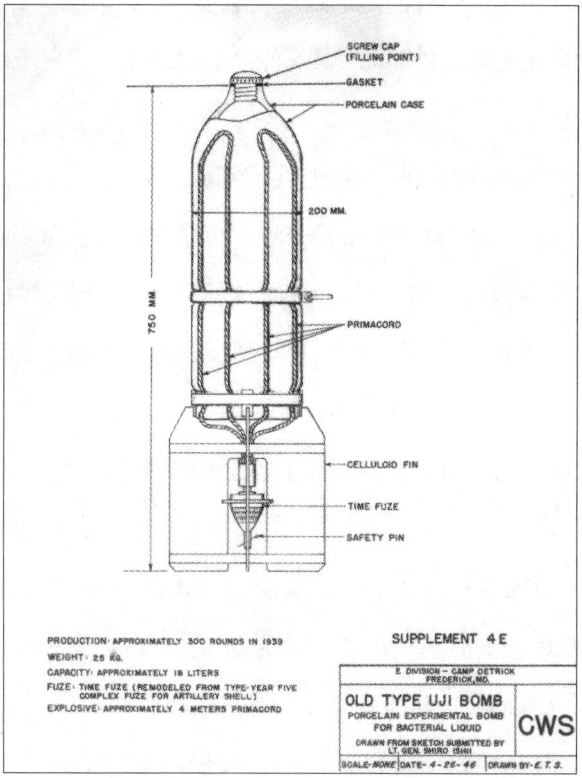

图4–6　七三一部队研制的老型UJI细菌炸弹图纸。

① 阿沃尔·汤普森. 关于日本生物战研究和准备状况的报告. 美国国家档案馆，1946：38号记录组，2097盒.

❷ 基本构造

到1938年，七三一部队进行细菌弹药研发的趋势是设计简单、载荷量大，以最少的炸药来实现爆炸，同时确保存活细菌的有效扩散达到最大的杀伤效果。早期使用的装有大量三硝基甲苯（TNT）炸药和黑色炸药的钢质弹壳因其会对装载物造成破坏而被弃用，后期的炸弹改为装有少量TNT炸药的陶瓷和玻璃弹壳。由石井四郎参与设计的UJI陶瓷弹壳炸弹正是细菌炸弹研发趋势转变的产物，该炸弹的最初模型被称为“老型UJI炸弹”，陶瓷壳体的外侧带有纵向的沟槽用以安装4米长的导爆索。从炸弹上端开放的鼻部填药，并由带螺旋的金属盖子旋紧，在炸弹的底座上安装有硝化纤维塑料翅片，在尾部装有一个计时引信，该型号炸弹在预定的高度爆炸，陶瓷弹壳的爆裂致使装载物扩散，陶瓷弹碎片虽然穿透力很小，但是碎片很难在地面上被发现，具有较高的隐蔽性，提高了杀伤力和破坏力。

❸ 实验情况

1938年，七三一部队对此炸弹进行了实验，地面的布置方式和I型炸弹、RO型炸弹、HA型炸弹实验时的布置一致，也是使用染料或者淀粉溶液以及病原体。在静止状态实验中，在风速为5米/秒的15米高处引爆时，其扩散直径为20～30米，面积为500～600平方米。在投弹实验中，炸弹在200～300米高处爆炸时，扩散直径为20～30米，面积为600～700米。散布的液体装载物颗粒的直径通常如雨点大小，而因凝聚作用而产生较大的滴状物，直径达50微米。

❹ 缺陷与不足

老型UJI炸弹主要存在以下五点缺陷：一是在金属盖子和陶瓷壳体之间常出现液体的泄漏，不能承受剧烈的搬运冲击；二是弹体重量和尺寸的不一致导致弹道无法精确；三是炸弹通常只能装载到70%，以防装载物的膨胀，而剩余的空间经常会导致炸弹位置移动；四是陶瓷弹的翅片在高温天气下易发生变形，增加了投弹的不准确性，而在低温条件下，陶瓷变得易碎，通常会在飞行中解体；五是由于引信的故障，导致无法控制准确的高度。基于以上五种原因，老型UJI炸弹被认为不具有深度开发的价值而弃用。

GA型炸弹

❶ 设计图纸

图4–7　GA型炸弹设计图纸[①]

产量： 1940年约生产50枚

重量： 35千克

有效载荷： 约18升

引信： 定时引信（炮弹采用5年型改良型引信）

炸药： 约3.5米导爆索

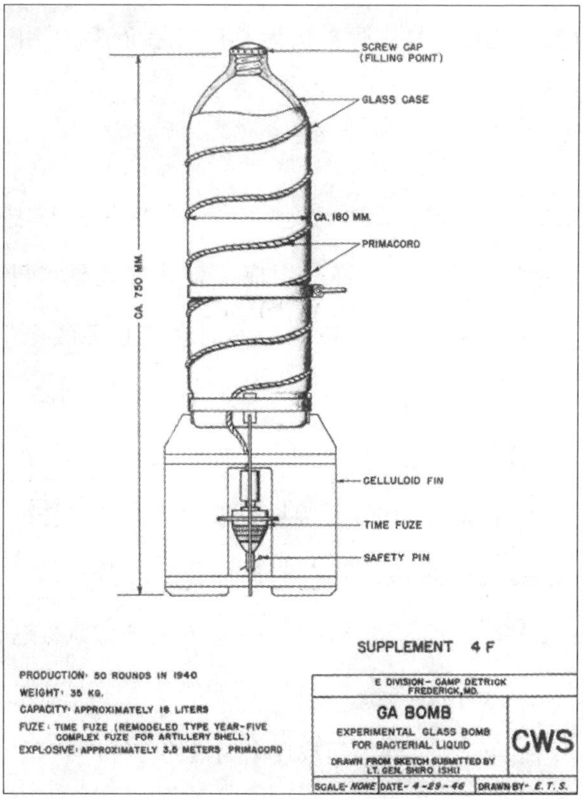

图4–7　七三一部队研制的GA型细菌炸弹图纸。

① 阿沃尔·汤普森．关于日本生物战研究和准备状况的报告．美国国家档案馆，1946：38号记录组，2097盒．

❷ 基本构造

GA型炸弹是老型UJI炸弹的实验性玻璃壳体炸弹，使用螺旋沟槽而非纵向沟槽来安装导爆索，因其玻璃弹体难以承受搬运冲击，经过几次初步实验后弃用。

UJI100型炸弹

重达50千克、有效载荷约为25升的UJI100型炸弹是UJI50型炸弹的较大规格版本。1940—1942年，七三一部队按照和UJI50型炸弹类似的方式进行了广泛的实验，共生产了300枚UJI100型炸弹。由于尺寸原因以及移动中易于发生菌液泄漏，此种型号炸弹被认为没有实际价值而弃用。

母女弹

据《英格利斯报告》记载，“母女弹”由一个装有无线电发送装置的“母弹”和装有一定量细菌的“女儿弹”组成。爆炸方式是“母弹”首先降落，“女儿弹”紧随其后，当“母弹”撞击地面时会终止无线电信号，从而引发“女儿弹”爆炸，但由于“母女弹”的成本造价过高而弃用。

七三一部队在细菌武器的研究和设计中始终把易于携带、方便攻击、杀伤力强和破坏力久作为目标，从1937—1942年进行了至少10种细菌炸弹的研究和实验，对于炸弹类型、装载菌液种类的选择、不同天气下的攻击效果甚至制造成本等问题都开展了研究。《汤普森报告》中记载石井四郎宣称这类实验不存在任何官方命令，仅作为军事预防医学活动的一个步骤。根据档案的详细记载，可以明确地断定细菌炸弹的研制是以细菌战攻击为最终目标的，而且细菌炸弹研究、设计和实验的各个阶段都是大规模展开的，完全不是军事预防医学的研究内容。美国解密的《英格利斯报告》和《汤普森报告》以翔实的实验数据和设计图纸进一步证明了七三一部队开展了细菌武器研究、实验和生产的历史事实。

细菌战剂的选择与实验

关于七三一部队研制细菌战剂类型的记载，笔者主要参考了七三一部队成员撰写的医学报告、研究论文，战后向美军的供述以及美军调查的总结报告书。

增田知贞和北条圆了的供词和记述

桑德斯、汤普森等人对七三一部队核心成员增田知贞的问讯记录，特别是增田知贞提交给美军的论文《细菌战》中对七三一部队研制细菌战剂有较为详实的记载。他认为有四类细菌战剂可应用于细菌战：一是细菌，有鼠疫、霍乱、伤寒、痢疾、马鼻疽、炭疽、波状热、土拉菌病、肺结核、破伤风、气性坏疽、肉毒杆菌毒素、白喉、葡萄球菌、链球菌、流行性脑脊髓膜炎；二是原生动物，有韦尔病、回归热、印度痘、疟疾、黑热病；三是立克次氏体，有斑疹伤寒、爆发性斑疹伤寒、恙虫病；四是病毒，登革热、黄热病、天花、口蹄疫、狂犬病、流行性贫血。[①]

七三一部队核心成员北条圆了提交给美军的《关于细菌战》报告中认为，可以考虑将以下细菌用于细菌战，一是针对人类的菌种，有霍乱弧菌、痢疾杆菌、副伤寒杆菌、波状热、鼠疫杆菌、兔热菌、伤寒沙门杆菌、黄热病；二是针对动物的菌种，有炭疽杆菌、马鼻疽病、牛肺疫、口足病；三是用于植物的菌种，

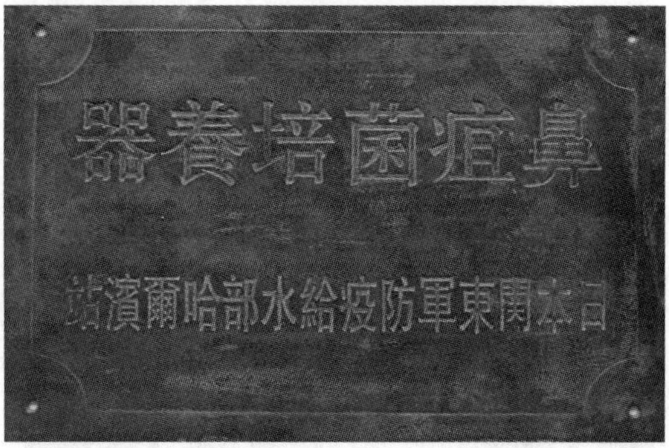

图4-8　七三一部队鼻疽菌培养器标识牌。（侵华日军第七三一部队罪证陈列馆藏）

① 增田知贞．细菌战．马里兰州：美国国家档案馆Ⅱ馆，2910.

有小麦“锈菌”、马铃薯腐菌、软腐杆菌、马铃薯和其他植物尾孢菌。[①]

汤普森、费尔、希尔的记述

《汤普森报告》中记载石井四郎和北野政次供述的七三一部队研究的类型有伤寒和副伤寒、痢疾、霍乱、鼠疫、百日咳、流行性脑脊髓膜炎及淋菌疫苗，针对气性坏疽、破伤风、白喉及猩红热进行了去毒素研究，针对气性坏疽、破伤风、白喉、猩红热、丹毒、痢疾、链球菌、葡萄球菌、肺炎、流行性脑脊髓膜炎及鼠疫改进了血清疗法，此外，研究了斑疹伤寒、流行性出血热、森林蜱性脑炎、狂犬病、小痘疫苗等立克次体以及病毒疫苗。

《费尔报告》记录了七三一部队使用炭疽、鼠疫、伤寒、甲型副伤寒、乙型副伤寒、痢疾、霍乱、马鼻疽和流行性出血热等9种细菌进行的人体实验，实验内容包括直接感染实验、免疫实验、炸弹实验、喷洒实验和稳定性实验等。

希尔问讯了22名七三一部队成员，形成了总结报告书《希尔报告》，其中记载了七三一部队研制的29种战剂类型。

表 4-2　七三一部队研究的细菌战剂类型[②]

序	战剂类型	英文注释
1	伤寒	Typhoid
2	甲、乙型副伤寒	Paratyphoid A and B
3	痢疾	Dysentery
4	霍乱	Cholera
5	鼠疫	Plague
6	炭疽	Anthrax
7	鼻疽	Glanders

① 对北条圆了的审讯. 马里兰州：美国国家档案馆Ⅱ馆，319号记录组，85条目。

② 关于细菌战调查的总结报告. 马里兰州：美国国家档案馆Ⅱ馆. 175号记录组，67A4900条目，196盒.

续表

序	战剂类型	英文注释
8	破伤风	Tetanus
9	厌氧菌	Anerobes
10	B阿米巴菌	B.hystolyticus
11	B韦氏菌	B.welchii
12	B维维基菌	B.vovgii
13	波状热	Undulant fever
14	结核	Tuberculosis
15	兔热病	Tularemia
16	斑疹伤寒	Typhus
17	流行性出血热	Songo
18	气性坏疽	Gas Gangrene
19	天花	Smallpox
20	气溶胶	Aerosols
21	肉毒杆菌	Botulism
22	河豚毒	Fugu Toxin
23	流行性感冒	Influenza
24	脑脊髓膜炎	Meningococcus
25	粘蛋白	Mucin
26	植物病	Plant Diseases
27	沙门氏菌	Salmonella
28	脑膜炎	Tick encephalitis
29	恙虫病	Tsutsugamushi

注：序号1 ~ 8为进攻性细菌战剂和防御性细菌疫苗，9 ~ 12为进攻性细菌战剂，13 ~ 19为防御性细菌疫苗。

细菌战剂实验与生产

七三一部队专门设有细菌研究部和细菌实验部，对鼠疫、霍乱等细菌战剂开展系统的研究与实验。在研制细菌战剂时，主要考虑细菌战剂能够大量生产、成本低、毒力强烈、传染力强且对外界的抵抗力强、不留下使用痕迹等因素。

在细菌战剂的生产过程中，七三一部队采用当时日本先进的设施设备，按照生物制品生产流程和生产标准，建立了一整套完备系统，集细菌战剂研究、生产、储存、运输和使用于一体的生产体系。在细菌战剂研究的基础上，七三一部队开展了细菌攻击方式的研究，包括投掷细菌弹、喷洒细菌云雾、从飞机上空投细菌及带菌媒介物等。细菌战剂作为细菌武器的主要填充物，也是细菌战罪证中的重要证据，通过档案资料记载和老兵证词能够还原当时的基本状况。

七三一部队细菌生产部部长川岛清少将供认："七三一部队每月可培养伤寒菌800～900千克，炭疽菌大约600千克，霍乱、副伤寒、赤痢等细菌各为1千克。"[①]关于细菌生产部第一分部的实际产量，川岛清又供述，"每月内可培养如下数量的某一种细菌：鼠疫菌100千克、炭疽菌200千克、伤寒菌300千克、副伤寒菌（A）300千克、霍乱菌330千克、赤痢菌300千克。"[②]1942年，七三一部队在浙赣实施细菌战时，川岛清负责的细菌生产部培植了130千克副伤寒菌和炭疽菌供远征队之用[③]。除七三一部队外，侵华日军各细菌部队如长春第100部队、北京第1855部队、南京第1644部队、广州第8604部队等也进行了大规模细菌战剂的研制和生产。据测算，每3克纯细菌用科学的手段撒布，可以污染8平方千米范围内的各种水源，而侵华日军所制造的细菌却以千克计数，如果将这些细菌用于战争的话，将给人类带来无法想象的灾难。

细菌战的实施与危害

日本细菌战给人类生存和发展带来了巨大的危机，七三一部队生产的细菌武器和细菌战剂足以使整个人类因感染疫病而灭亡。目前掌握的资料可以

---

① 前日本陆军军人因准备和使用细菌武器被控案审判材料. 外国文书籍出版局，1950：261.
② 前日本陆军军人因准备和使用细菌武器被控案审判材料. 外国文书籍出版局，1950：69.
③ 前日本陆军军人因准备和使用细菌武器被控案审判材料. 外国文书籍出版局，1950：61.

证实，七三一部队及其他细菌战部队在我国内蒙古呼伦贝尔，吉林长春、农安，山东西部，江西上饶、广丰，江苏南京，浙江杭州、宁波、衢州、金华、义乌、云和、江山、龙游、丽水，湖南长沙、常德，云南西部等地实施了大规模细菌战，致使以上地区爆发鼠疫、霍乱、伤寒等烈性传染病的大流行，尸横遍野、万物萧条，给我国人民带来重大人身伤亡，严重危害了自然生态和人类生存发展环境。

诺门罕战争中的细菌战

诺门罕战争是1939年5～9月发生在中蒙边境的日本、伪满洲国与苏联、蒙古国的一场战争，以日本惨败而告终。据日本国立公文书馆档案记载，1939年7月7日12时，关东军作战命令第78号，关东军司令官植田谦吉大将给陆军军医大佐石井四郎下达的作战命令，命令七三一部队携带器材前往海拉尔、将军庙一带参加诺门罕战争。

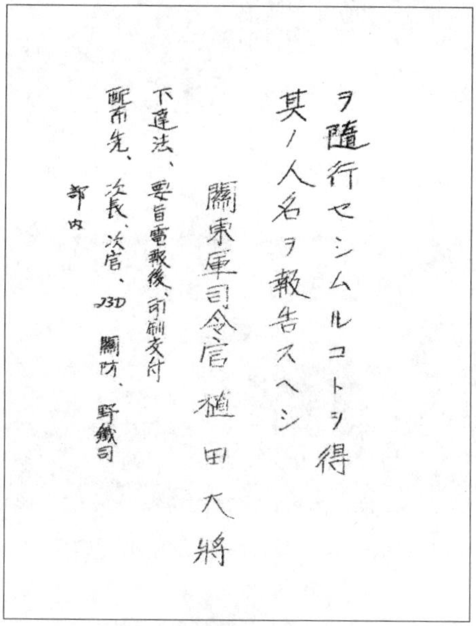
ヲ随行セシムルコトヲ得
其ノ人名ヲ報告スヘシ
關東軍司令官 植田大將
下達法、要旨電報後、印刷交付
配布先、次長、次官、73D、關防、野鐵司
部内

图4-9　关东军作战命令。（日本国立公文书馆藏）

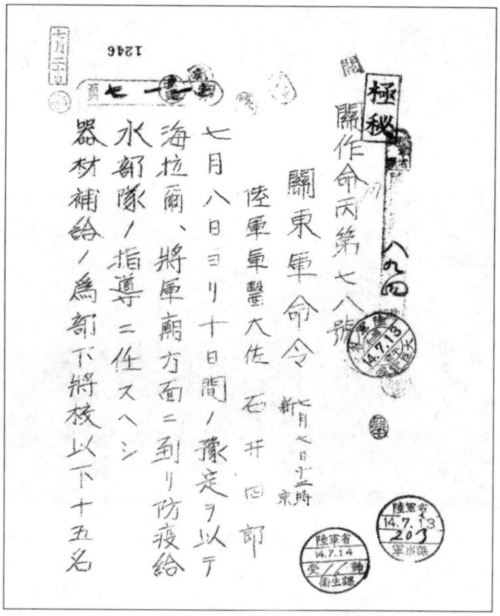
極秘
關作命丙第七八號
關東軍命令 新京 七月七日十二時
陸軍軍醫大佐石井四郎
七月八日ヨリ十日間ノ豫定ヲ以テ
海拉爾、將軍廟方面ニ到リ防疫給
水部隊ノ指導ニ任スヘシ
器材補給ノ為部下將校以下十五名

图4-10　关东军作战命令。（日本国立公文书馆藏）

七三一部队奉关东军命令第一次实施了细菌作战，在关东军参谋山本吉郎中佐、七三一部队碇常重少佐指挥下将霍乱、肠伤寒菌和赤痢菌分三次投撒到哈拉哈河等水源地实施细菌攻击。七三一部队老兵田村良雄供称："在关东军防疫给水部本部山口技师的指挥下，班员约6名，制造了细菌榴散弹，制造了约2000个弹片，由山口班人员，在诺门罕前线用野炮发射出去。1939年7月上旬至8月下旬之间，我参加了细菌生产队小林队，生产供细菌作战使用的伤寒病菌、霍乱病菌、发疹伤寒病菌。我采取了约1000克细菌运到将军庙、海拉尔等地。我和另外3人在田部井班内将每1毫升内含有30毫克的伤寒病菌菌液灌了两煤油桶。第二天我和另外两人将其运到将军庙，交给了关东军防疫给水部本部碇常重挺进队的难波准尉。我运去的细菌，被碇常重挺进队撒在哈拉哈河中，进行了所谓细菌谋略战。"①

图4-11　1939年6月25日，七三一部队在诺门罕战场。（日本防卫省防卫研究所资料室藏）

① 日本帝国主义侵华档案史料选编——细菌战与毒气战. 北京：中华书局，1989：246–247.

图4-12　1939年7月12日，七三一部队在诺门罕战场，图片上方为石井四郎。（日本防卫省防卫研究所资料室藏）

图4-13　1939年9月7日，日本陆军大臣畑俊六（右五）“视察”诺门罕战场上的七三一部队，俯身右手伸出者为石井四郎。（日本防卫省防卫研究所资料室藏）

图4-14　1939年9月10日，七三一部队在诺门罕战场辉河地区。（日本防卫省防卫研究所资料室藏）

图4-15　1939年9月16日，七三一部队在诺门罕战场辉河地区。（日本防卫省防卫研究所资料室藏）

七三一部队在诺门罕战场上至少实施了四次细菌作战，这组保存在日本防卫省防卫研究所资料室的照片由七三一部队摄影班拍摄，记录了七三一部队在诺门罕战场防疫作业的状况。这是因为诺门罕战场大部分水源地受到细菌攻击，为了不使关东军自身受到细菌感染，七三一部队开展了大规模的净水作业。石井四郎也因为在诺门罕战场上的“贡献”被关东军司令部表彰授勋。

常德细菌战

时任贵阳战时卫生人员训练所检验组主任陈文贵于1941年12月12日撰写了《湖南常德鼠疫报告书》[1]，记述了常德疫情的发生、流行、危害及影响。通过对该《报告书》的整理可知：1941年11月4日下午5时，日军飞机在常德上空低空飞行，投下了穗、麦、棉絮、纸片、跳蚤等物品，投掷地点主要集中在关庙街、鸡鸭巷及东门一带地区。11日，第一个鼠疫病例被发现，患者为住在关庙街的11岁女孩蔡桃儿，13日死亡。随后相继出现多名感染鼠疫死亡的病例。陈文贵调查队自贵阳赶赴常德调查，确认了6个病例全部为真性腺鼠疫。到11月24日，常德共有17人死于鼠疫流行。陈文贵在报告总结中写道：自11月11日起，在日军空袭7日后，常德即有腺鼠疫流行。所有涂片均经陈文贵医师、谭学华医师临床检验，患者病历、解剖及细菌检查证实为类似鼠疫杆菌。

时任中央卫生署防疫处处长容启荣编撰的《防治湘西鼠疫经过报告书》记载：“1941年11月11日至1942年7月9日，常德城区共有鼠疫病患者42名，死亡37名。”由于当时常德医疗卫生设施极不完善，政府疫情防治工作严重滞后，防治效果也不佳，民众不支持防疫活动等原因，导致了官方统计的数

---

① 常德鼠疫调查报告书. 北京：调查在朝鲜和中国的细菌战事实国际科学委员会报告书及附件. 1952.

字不准确。陈文贵、容启荣所统计的数字过少，而且常德鼠疫自1941年爆发，到1945年时还有人染疫而死，因此鼠疫流行发生早期的统计与实际情况有很大的差异，但是他们的报告中明确了鼠疫发生和流行的原因。

图4-16　七三一部队航空班主要担当细菌战攻击作战，这是航空班成员合影。（森正孝提供）

1996年11月，常德成立了民间调查组织“细菌战受害调查委员会”，由退休教师、医生、工人和细菌战受害者家属等组成。据侵华日军常德细菌战受害者调查会的调查记载，从1996年到2002年，调查会调查了常德9个区县，走访了30万人次，取得了1.5万份控诉材料，最后认定了日军在常德实施细菌战造成的危害。当时常德城区及其周围70个乡镇、486个自然村爆发了鼠疫大流行，死亡7643人，有明确的受害者姓名、性别、死亡时间、死亡地点及证明人等信息。在柳毅的《常德城区细菌战受害者口述历史调查12例》一文中记述了采访方运胜的内容：“我的哥哥方运登1941年死于常德鼠疫，感染鼠疫时才8岁。哥哥死亡后，我的奶奶非常悲痛，因此精神失常，常常一个人在夜间穿街走巷呼唤着方运登的名字，希望他能回家。我是小孩子的时候，奶奶还时常牵着我的手在街上呼唤哥哥的名字。”

衢州细菌战

据浙江省衢州市卫生防疫站原站长邱明轩记述，1940年10月4日9时，日军飞机在衢州散下带有鼠疫菌的麦子、黄豆、麦麸、碎布、棉花、跳蚤、宣传单等物品，飞机往返散布两次后，于9时30分左右飞离衢州。12月初，衢州爆发了有史以来第一次鼠疫大流行，随后蔓延扩散到农村地区。1942年5月26日，日军在衢州进行了第二次细菌攻击。侵华日军用飞机投撒疫蚤，派出远征队在浙赣交通沿线散播疫蚤，在水井、食物及居民生活区投放霍乱、伤寒与副伤寒、痢疾、炭疽等细菌。9月初，浙赣交通沿线的江山、衢县、开化、龙游先后爆发了鼠疫、霍乱、伤寒、副伤寒、痢疾、疟疾、炭疽等传染病。与此同时，日军又在衢州实施无差别的大轰炸，致使疫情防治工作更为艰难，直到1948年末，疫病流行才得到有效控制。从传染源、传播途径、易感人群三个基本要素来考察，衢州地区疫情的传播、蔓延和大流行呈现出典型的人为原发状态，最终导致了大量无辜平民的死伤。

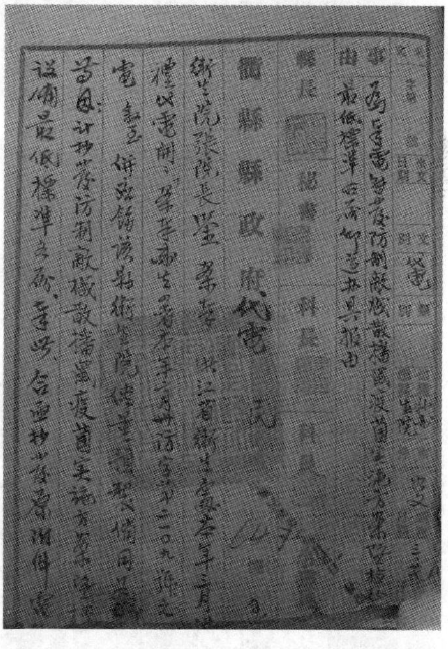

图4–17　1941年3月30日，浙江省衢县县政府转发浙江省卫生处电文，主要内容是防备敌机散播鼠疫菌实施方案，以及责成衢县卫生院充实疫情检验设备。（衢州市衢江区档案馆藏）

图4–18　浙江衢州为细菌战死难者树立的纪念碑。（2008年，作者摄影）

图4–19　浙江义乌为纪念细菌战死难者建造的劫波亭。（2008年，鲍海春摄影）

图4-20 细菌战受害者刘德宏，1912年生，浙江省衢州市衢江区横路乡毛家村人。（李晓方著：《泣血控诉》，中央文献出版社，2005年）

1998—2000年，衢州开展了专项调查，认定了5294人死于日本细菌战，其中1501人死于鼠疫，909人死于霍乱，2272人死于伤寒与副伤寒，407人死于痢疾，205人死于炭疽。细菌战受害者中有男性3748名、女性1546名，其中10岁以下儿童871名，死亡年龄最大的83岁，年龄最小的仅3个月，甚至出现大量孕妇染疫流产致使双双死亡的惨景。

除了浙江衢州地区爆发大面积鼠疫以外，侵华日军于1940年10月分别对金华、义乌、宁波、丽水等地实施了细菌攻击，导致以上地区大面积疫病流行和平民伤亡。据侵华日军细菌战义乌展览馆1999年的调查报告《浙江省义乌市日军细菌战鼠疫死难者同胞名册（1941—1943年）》记载，义乌有1315人死于日本细菌战。浙江省云和县通过调查编制了《二战期间侵华日军细菌战受害死亡同胞名册》，记载了781人死于日本细菌战。仅常德、义乌、云和、衢州4地就有15033人死于日本细菌战，而更多的细菌战重灾区目前还没有开展调查取证，因日本细菌战而死亡的我国军民实际上的数字会更高，这其中包括大量无辜平民、妇女和儿童。

由此联想到日本遗弃在我国的化学武器，遍布19个省、市、自治区的近100个地点，伤害无辜平民事件频繁发生，战争虽然已经结束，但给我国人民带来的危害和影响却还在持续。二战结束至今，埋藏化学弹最多的吉林省敦化市因日本遗留化学武器致死者多达747人。1974年，黑龙江省佳木斯市发生日本遗留化学武器伤害事件，致使3人重伤，失去生活工作的正常能力。2003年，黑龙江省齐齐哈尔市发生了日遗毒剂伤害事件，造成1人死亡，43人受伤。二战结束以来，日本遗留化学武器已经造成了我国2000余人的重大伤亡，时至今日，仍给当地人民生命财产、水土安全和生态环境构成了严重威胁和巨大影响。我国民间自1995年发起了“侵华日军细菌战毒气战中国受害者对日诉讼运动”，在大量的证据和事实面前，日本东京地方法院在2003年5月15日的判决中，不得不承认“侵华战争期间日军确实大量制造和使用了化学武器”，但又诡辩称“日本政府不具有避免使伤害发生的有效手段”，使得日本向广大中国受害者的道歉、反省和赔偿遥遥无期。这场旷日持久的民间运动却没有得到中国政府的支持和援助，完全是由民间自发组织开展的，在已经全面败诉的情况下，如今到了一个举步维艰的境地。有这样一个问题不能不引起我们思考，一个受害国家的国民到加害国家提起法律诉讼，诉讼的还是加害国政府，又在加害国律师的帮助下打官司，这能成功吗？那么，在全面败诉的情况下，对日诉讼运动的出路又在哪里？

战后贻害——平房鼠疫大流行

七三一部队为准备和实施细菌战，征购了大量实验动物，繁殖了大量传染媒介物，而且实验动物使用时间长、规模大、数量多、种类多，严重影响和危害了物种多样性和种群生态状况。长期进行的大规模、大范围的鼠疫实验，生产了数量庞大的鼠疫菌和鼠疫武器，使七三一部队所在地平房地区成为“火药桶”。七三一部队溃逃前夕炸毁了本部建筑设施，使得染疫老鼠、跳蚤及各种实验动物逃窜出来，这个“火药桶”被引爆，平房地区爆发了大面积鼠疫流行。

1946年7月下旬，后二道沟屯徐洪有的妻子徐董氏第一个感染鼠疫死亡。徐董氏死亡之后，靖如先又突然感染了鼠疫，靖如先、妻子靖宋氏和两个孩子相继死亡，一个5岁，一个2岁。靖家在20天内死亡了12口人，全家19口人仅剩7口人，靖如先的母亲靖杨氏悲痛欲绝，整日以泪洗面，眼睛哭失明了。靖如先的儿子靖福和后来回忆当年的惨景仍然悲痛不已：

我家是平房地区的重灾户，当时家中19口人，不到20天，12口人被鼠疫杀害。我的父亲、姐姐和弟弟倒下的时候，家中又有几个人相继倒下，还活着的人，已经照顾不过来倒下的。当时母亲在护理父亲，我守在弟弟身边。一铺炕上，一头是父亲，另一头是弟弟，已经没有地方放姐姐了，没办法只好把她抬到草棚子里，等待死神的降临。姐姐的症状是发低烧、脖子底下起疙瘩，肿得像头一样粗，憋得大声喊叫，说不出话来，自己躺在草棚子里，一个亲人也没在身边，孤零零地在喊叫声中凄惨地死去了。拉姐姐的灵车还没有到家，父亲就停止了呼吸，没等把尸体抬下来，我的弟弟就吐了两口黑水，瞪着两只眼睛，紧随父亲和姐姐死了。我的弟弟倒下后就没和亲人说上一句话，尽管我在身边怎么叫他、喊他，他一声不吭，我眼睁睁地看着弟弟死去。每当想起这些往事，想起这悲惨的情景，我就心酸流泪，悲痛万分。

父亲被鼠疫折磨的呻吟声，姐姐在草棚里孤零零地死去，弟弟没有闭上的双眼，至今历历在目，永远不能忘记。

后二道沟屯有50人感染鼠疫，全部死亡，其中年龄最小的2岁，年龄最大的71岁，有的一家全部死亡。在后二道沟屯发生鼠疫流行的同时，义发源屯和东井子屯也有严重的鼠疫疫情发生。义发源屯共出现鼠疫病例41例，东井子屯出现鼠疫病例38人，全部死亡。据中华民国三十五年（1946年）编的《哈尔滨特别市鼠疫防疫工作状况书》记载，当时平房的农村没有建立基层卫生组织，没有医院和诊所，平房发生鼠疫2个月后，哈尔滨市才组织开展防疫工作，采取划分疫区、隔离检诊、现场消毒和预防注射等方式开展了疫情防治，直到1954年才将鼠疫流行局面控制住。虽然七三一部队于1945年灭亡，但是给哈尔滨带来的危害和危机却没有随之消失。从1946—1954年，哈尔滨地区因为鼠疫流行死亡143人，这给哈尔滨人民带来沉重的精神负担，同时也蒙受了重大经济损失。更大的危机是鼠疫流行引发了平房地区周边自然界动物种群的变化，改变了当地老鼠种群生态环境，导致了平房地区成为世界上唯一一处人为鼠疫疫源地，贻害无穷。

第五章

美军的调查、掩盖与交易

一九四五至一九四八年，日美之间达成秘密交易，美国以豁免七三一部队成员战争责任为条件，得到了七三一部队进行人体实验、细菌实验、细菌战、毒气实验等数据资料，七三一部队成员逃脱了远东国际军事法庭的审判。

1945年8月15日，日本裕仁天皇宣布无条件投降，第二次世界大战进入实质结束阶段。日本宣布投降的当天，美国总统杜鲁门就签署命令，任命麦克阿瑟为远东盟军最高司令官，麦克阿瑟主持了9月2日在密苏里号战舰上举行的受降仪式，其作为美国政府的代表主导了对日本战后问题的处理。美军对日本细菌战问题的调查，从1945年9月就已经开始了，一直到1948年11月东京审判结束，在这近四年的时间里日美之间达成秘密交易，美国以豁免七三一部队成员战争责任为条件，得到了七三一部队进行人体实验、细菌实验、细菌战、毒气实验等数据资料，七三一部队成员逃脱了远东国际军事法庭的审判。

二战结束后，七三一部队石井四郎、北野政次等绝大多数成员逃回了日本，为逃脱战后审判，他们采取隐居、更换姓名、甚至假死的方式竭力掩盖其在七三一部队的经历。时值冷战格局形成前后，共产主义运动在世界范围内风起云涌，美国为了在日本推行自己所希望的意识形态和政治制度，主导了对日本战犯进行处理的东京审判。美国为了获得七三一部队进行细菌战及各种实验的数据，在东京审判开始前，美军同石井四郎、北野政次等人进行了秘密接触。与此同时，美军情报部门不间断地对石井四郎等人进行跟踪和调查，至少有25名七三一部队成员接受了美军的问讯。

美军情报部门对石井四郎的追踪

据盟总对敌谍报部情报记载，1945年12月3日，驻日美军的情报线人提供了石井四郎于1945年11月10日在老家千叶县山武郡千代田村举行了伪装葬礼，并在千代田村村长的帮助下潜伏起来的情报。石井四郎是日军陆军中将，石井部队部队长，在战争期间进行了人体实验。[①]1945年12月3日，距东京审判开始只有不到3个月的时间，石井四郎是为了逃脱战犯审判才以假死伪装，不过其在假死的20余天后，美国情报部门的线人即已探知此事。在12月3日还有一份备忘录，记载了石井四郎更多的信息，包括“石井细菌战部队在石井四郎中将的指挥下于哈尔滨建立，1944年12月，在哈尔滨的大型细菌实验室成功地培养了鼠疫菌。这些鼠疫菌被投放到满洲各地。在奉天，一些美国战俘也被注射了鼠疫菌。为了观察实验结果，细菌战部队将感染鼠疫菌的鼠类散放到奉天及其周边地区，造成这一地区的鼠疫流行。此次实验后，石井四郎开始大规模繁殖鼠疫菌以满足战争需要。日军溃败时，炸毁了实验室，其中大量宝贵的资料、仪器、上百‘马路大’一并被销毁。石井细菌战部队与东京大学医学实验室有合作。”[②]此时美军基本掌握了石井四郎的主要活动，特别是“哈尔滨实验室”“人体实验”“细菌实战”，以及与东京大学合作研究的有关情况，这些情报已经涉及到七三一部队的核心机密——人体实验和细菌实战。

1945年12月28日的情报记录：“石井四郎离开（哈尔滨）时拥有大约100万元的巨额现金，情报线人因为石井四郎没有作为战犯被逮捕而感到很奇怪。”[③]

1946年1月7日的情报记录：“按照美国国防部1946年1月6日的意见，石井四郎在满洲指挥过细菌战实验活动，应予以逮捕并审问。盟总对敌谍报部的记录未能揭示石井四郎的行踪，也没有向日本政府提出逮捕石井引渡给

① 太平洋陆军反情报部队．关于石井四郎博士的报告．马里兰州：美国国家档案馆Ⅱ馆．319号记录组，184B条目，549盒．

② 石井四郎．马里兰州：美国国家档案馆Ⅱ馆．331号记录组，1331条目，1762盒．

③ 陆军中将石井（日本陆军医疗团）．马里兰州：美国国家档案馆Ⅱ馆．319号记录组，184B条目，549盒．

美军的要求。”①

1946年1月7日，美国情报部门在东京广播大楼访问了联合部队组织（United Forces Association）主任拉尔夫·蒂特索思（Ralph Teatsorth）和盟总化学部主任S.E.怀特塞斯（S.E.Whitesides）上校。蒂特索思提供了“石井四郎曾对美国和中国战俘注射腺鼠疫杆菌进行人体实验”②的情报，怀特塞斯上校提供了石井四郎领导的细菌战和关东军防疫给水部的一些情况，此时他们都不知道石井四郎的住所和行踪。而怀特塞斯上校提供这些信息4天后，也就是1月11日，他问讯了七三一部队第二任部队长北野政次，得到了更多七三一部队的细菌实验、细菌炸弹等情报，但是没有得到石井四郎的行踪和住所信息。美国情报部门正在密切关注石井四郎的行踪，搜集更多关于人体实验的消息，同时他们要求蒂特索思不要对外报道这些消息，石井四郎的行踪此时成了美军最想获得的情报。

1月8日，美军情报线人提供了石井四郎的行踪。石井四郎去了金泽地区，金泽大学病理学教授石川太刀雄知道石井四郎的行踪。③

1月9日，美军通过东京中央联络办公室（Central Liaison Office，Tokyo）得到情报：“日本帝国政府欲将石井四郎带到东京交由盟军最高司令官处置，石井四郎到达东京后，日本帝国政府将即刻通知总部。如果1946年1月16日午夜前石井还未到达，日本帝国政府将作详细报告，包括石井将军的行踪、未出现的原因，并由此推断其到达的日期。”④此时的美军和日本官方

① 第441号反情报部队有关中将石井四郎下落的调查. 马里兰州：美国国家档案馆Ⅱ馆. 319号记录组，184B条目，549盒.

② 第441号反情报部队有关中将石井四郎下落的调查. 马里兰州：美国国家档案馆Ⅱ馆. 319号记录组，184B条目，549盒.

③ 太平洋陆军最高司令官. 关于石井四郎行踪的报告. 马里兰州：美国国家档案馆Ⅱ馆. 319号记录组，184B条目，549盒.

④ 第441号最高司令官有关石井四郎由于疾病局限于东京未能受审的报告. 马里兰州：美国国家档案馆Ⅱ馆. 319号记录组，184B条目，549盒.

机构都不能确认石井四郎的行踪，但不能排除日本政府故意隐瞒石井四郎的消息。

1月19日，远东国际军事法庭正式成立，颁布了《远东国际军事法庭宪章》。东京审判即将开始，日本政府承诺最后的期限是1月16日。随后，东京中央联络办公室就石井四郎的行踪象征性询问了金泽大学教授石川太刀雄，没有得到石井四郎的行踪信息，美国情报部门认为东京中央联络办公室无法向美军报告石井四郎的行踪和他到达东京的日期。

1月21日的情报显示，盟总第二参谋部要求得到细菌战相关资料，并希望能够搜集更多有价值的情报。[①]

2月5日，美军发现了石井四郎，汤普森开始对其进行问讯。

2月16日，盟总第二参谋部向民间谍报局（Civil Intelligence Section）发送了一份可能与石井四郎有关的人员名单，包括石原莞尔、北野政次、内藤良一、北条圆了、西村英二、吉村寿人等25人。情报显示美军对石井的审问正在进行，但是当时还没有获得利用活人作实验的资料。美军情报部门设置了问讯内容，“对以下人员进行问询，看能否供出关于细菌武器和人体实验的情报。具体内容：①日本政府高官中，谁是石井的后援？②石井自由支配的巨额资金是如何获得的？③千叶县当地人是如何评价石井的？他是大地主吗？④石井滤水器是如何生产与销售的？是通过谁生产与销售的？”[②]通过这些情报我们可以断定，此时美军还没有从石井四郎那里得到美国极为关注的细菌武器和人体实验资料，而且美军对石井四郎的调查还将继续深入，同时对盟总第二参谋部提供的名单上所列的人员也将逐个开展调查。

---

① 生物战活动，发送报告的封面．马里兰州：美国国家档案馆Ⅱ馆．319号记录组，184B条目，549盒．

② 有石井四郎的检查表．马里兰州：美国国家档案馆Ⅱ馆．319号记录组，184B条目，549盒．

3月11日的情报记载："石井四郎回到千叶县的家中需要向美国方面报告住址，技术情报部门可能再次对其进行问讯，石井四郎需要随时准备接受问讯。"①

3月16日的情报记载："石井四郎并没有向美国方面报告行踪，称其因卧病在床而滞留东京，石井四郎的妻子石井清子称将在石井四郎病愈后返回千叶县家中并报告行踪。"②

4月1日的情报显示："石井四郎并没有向美军报告其在千叶县的地址。"③

美军的秘密调查与问讯

桑德斯的调查

美军在二战结束之前已经侦知日本在中国湖南和浙江等地实施了细菌战，二战之后美国便将此作为秘密情报对外免予披露，并试图通过各种渠道了解日本进行细菌战及各种实验的相关情况。日本投降后不久，桑德斯中校便来到日本。桑德斯是美国德特里克基地的细菌战专家，于1945年9月和10月调查了日本细菌战有关情况，在东京先后问讯了东京陆军军医学校、日本参谋本部、陆军省医务局成员，以及七三一部队重要成员内藤

图5–1　莫瑞·桑德斯中校。

① 第441号反情报部队有关石井四郎的报告. 马里兰州：美国国家档案馆Ⅱ馆. 319号记录组，184B条目，549盒.

② 第441号反情报部队有关石井四郎的报告. 马里兰州：美国国家档案馆Ⅱ馆. 319号记录组，184B条目，549盒.

③ 第441号反情报部队有关石井四郎的报告. 马里兰州：美国国家档案馆Ⅱ馆. 319号记录组，184B条目，549盒.

良一、金子顺一、增田知贞等人，但是他没有找到已经逃回日本的石井四郎。11月1日，桑德斯中校完成了《日本科技情报调查报告·细菌战》，也就是通常所说的《桑德斯报告》。

该报告对于七三一部队的研究范围、指挥系统、职责、人员构成、组织结构、整体规模，以及疫苗和细菌的年生产能力都进行了记录，并且绘制了七三一部队所在地平房地区的略图和细菌炸弹图纸。桑德斯中校从被问讯人员那里调查到了七三一部队的核心机密，“进行了大量努力把生物战发展为有实用价值的武器，至少实验了8种用于大规模散播细菌的特殊炸弹，研究最为精密的武器是UJI50型炸弹，有2000多枚这种炸弹被用于现场实验。采取静态爆破技术和从飞机上扔炸弹等方式在平房所作的现场实验，一共使用了将近4000枚炸弹”。[①]报告中有详细的实验数据、炸弹型号，以及野外人体实验的情报信息。美军在了解这些信息的基础上，开始频繁地对七三一部队细菌战、人体实验、细菌武器研究等内容进行全面调查，开启了美军调查日本细菌战的秘密行动。

汤普森的调查

桑德斯中校返回美国以后，美军又派出汤普森中校前往日本继续调查七三一部队。汤普森，美国德特里克基地兽医中校，精通细菌战研究。汤普森先后问讯了石井四郎、北野政次等七三一部队和一〇〇部队有关成员，并撰写了调查报告书，于1948年自杀身亡。1946年2月5日，汤普森中校对石井四郎进行了问讯，而且是在石井四郎的家中，总的来看这是在相对友好的气氛下进行的谈话。问讯记录摘录如下：

问：你是否在陆军军医学校和哈尔滨进行过细菌战研究？

答：细菌战研究只是在哈尔滨进行的，陆军军医学校所从事的是普通预

① 默里．桑德斯和哈里．扬斯．细菌战：第5卷．参考文献收藏记录组，1945，国际工作组．

防医学的研究。

问：京都帝国大学有相关研究吗？

答：该大学的教授对此不感兴趣，所以没有进行。

问：研究工作就仅限于哈尔滨研究所吗？

答：对，只在哈尔滨。我部队中的一些人和其他对此一无所知的人散布谣言说，我们进行了许多关于细菌战的秘密工作，甚至夸大其词说部队已经部署了一整套细菌战进攻计划，培养了大量细菌，生产了大批炸弹，并为此目的集结了许多飞机。我想让你知道这些都绝非事实。

问：换句话说，除哈尔滨研究所外，你们没在其他地方展开细菌战研究？

答：是的。

问：你认为敌方会实施细菌战吗？

答：我认为有一些国家可能会。

问：哪些国家？

答：苏联和中国。因为他们曾经使用过，所以我认为他们会再次使用。

问：你认为美国会使用细菌战吗？

答：我认为不会。

问：为什么？

答：美国财力物力丰富，理应使用更科学的战争手段。

问：你认为细菌战有实用性吗？

答：实施细菌战，必须具备大量的财力物力。

问：你认为细菌战会成为将来各国应对的问题吗？

答：在一场胜算已定的战争中，没有必要使用细菌战；然而在一场注定失败的战争中，没有有效实施细菌战的机会。细菌战研究需要大量人力、物力和财力，但几乎没有数据能证明细菌战的有效性。我不知道细菌战能否在大规模战争中有效，但在小规模战争中可能有效。

问：你指的是破坏活动吗?

答：某些破坏活动，如向井中投入细菌，就可能产生影响。

问：这种方法都能奏效吗?

答：我认为这种破坏方法可以通过我发明的净水法来控制。我从广播中听说苏联已经完成了细菌战的准备，这着实令人恐慌，但不知道这是事实，还是刊登在《红星》或其他报纸上的威慑信息。我不知道他们在细菌战方面的研究进展到哪一步了，如果他们用细菌战来进攻，也不知会使用何种细菌。

问：你认为苏联人最有可能使用哪种细菌?

答：兔热病、斑疹伤寒、霍乱、炭疽和鼠疫菌。

问：为什么你认为苏联人可能使用这些生物体?

答：从苏联返回的人员报告说，苏联人已经将这些生物体应用到细菌战备战过程中。

问：大规模生产斑疹伤寒杆菌可行吗?

答：如果能大量繁殖虱子，就能大规模生产斑疹伤寒杆菌，德国和瑞士的疫苗就是通过虱子获取斑疹伤寒杆菌的。但繁殖这种虱子的一大难题是，必须要用被感染的人类血液感染虱子。威尔氏病菌也是以同样方法培养的，因此很难获取大量的样本。如果一个国家足够富足，那么它可以将此疾病转化为一种极具威胁性的武器。

问：有针对食用作物的细菌战研究吗?

答：我们从没做过此类研究，我们的工作是保证士兵的安全。

问：其他人做过此类研究吗?

答：我不知道。

问：你们曾用动物做细菌的传播媒介吗?

答：我们从没用大型动物做过此类实验，但用过小型动物，我们部队没有兽医。

问：兽医实验室做有关细菌战的实验吗?

答：我不知道，因为这是机密，所以部队之间都没有交流，甚至我部队中进行实验的个人都不知道他们在研究什么，只有我、增田大佐和其他一两个人知道。

问：其他这一两个人是谁?

答：有些人对所做的工作有所怀疑，但也不清楚。只有增田知贞大佐和我知道。

问：细菌战研究所（七三一部队）中哪个部负责细菌战研究?

答：实验设计出来后，我们从各个部挑选出大量人员来进行这项工作。他们只是暂时地集合到一起，实验结束后就解散。

问：从事这项工作的人都知道工作性质吗?

答：他们没有被告知在进行什么工作。因为正常工作被打扰，不能继续进行自己的实验，他们表示抗议。

问：如果参加这项实验的人员被告知实验目的，工作会不会有更大的进展?

答：如果他们知道了，便会退缩或要求更多的报酬。他们不是专业技术人员，通常是从普通士兵中挑选出来的。

问：服从命令是军人的天职，你没有命令他们去做这项工作吗?

答：我不能给他们下命令，他们不是现役军人，而是后备军人。分部中那些才是现役军人，总部的不是。

问：海军方面配合做了哪些细菌战的研究工作?

答：我们之间没有任何合作。

图5-2　1946年，汤普森（右一）中校在石井四郎家中调查，左坐者为石井四郎妻子石井清子。

这时东京审判已经开始，是否同美军合作、如何合作关系到石井四郎和七三一部队成员的命运，此时的石井四郎随时都有可能走上审判席接受审判。美军在这个时候问讯石井四郎，必然会给石井四郎造成非常大的影响，石井四郎既不敢全然否认，又不能全部承认，既想免除战犯审判渡过难关，又想掩盖犯罪事实以免予起诉，在这样的矛盾状态中石井四郎需要更狡猾地应对美军的问讯。石井四郎在接受问讯期间提交了"细菌战相关研究机构及人员一览表"和"哈尔滨研究所实验工作表格"，承认了进行普通预防医学和野外实验的研究，否认了进行细菌战计划和细菌战实战。在汤普森对石井四郎的第一次问讯中，石井四郎掩盖了细菌战、细菌武器研究和人体实验罪行，同时掩盖了同海军及其他部队进行细菌战合作研究及人员培训的事实，只是承认开展了细菌学和预防医学的研究。这同石井四郎曾极力鼓吹的细菌战的地位和价值截然不同，其所表现的态度是为了让美军忽略细菌战的历史事实，关注其进行细菌学、预防学研究内容。石井四郎同时将汤普森中校的问讯引导到苏联准备细菌战的敏感话题上，试图将细菌战问题调查复杂化。从汤普森的问讯记录来看，汤普森第一次问讯石井四郎，美军并没有获得想要的信息。

石井四郎也在狡猾与诡辩中熬过了汤普森的第一次问讯，但石井四郎的闪烁其词显然已经被汤普森看穿。汤普森在后来的报告中写到：

1. 来自某独立渠道的有关日本细菌武器活动的信息与这些观点相一致，从问讯中“泄露”出来的信息看，在细菌武器数量和性质问题方面，信息提供者似乎得到了指示。

2. 石井四郎声称所有的信息均源于记忆，因为据说所有的记录都已按照日本军方的指令销毁，然而某些信息，特别是炸弹的示意图，可以提供如此详细的信息，让人不得不怀疑其销毁的真实性。

3. 从整个问讯过程中可见，显然日本人隐瞒了细菌武器方面的活动，试图将其活动减少到最小范围，尤其是针对攻击性武器研发所作的努力。

总体来看，汤普森的这三条判断是非常准确的，他已经看到了石井四郎等人针对美军的调查而进行了秘密串供，在提供信息之前已经达成了一致的意见。汤普森对七三一部队销毁资料的真实性提出了质疑，肯定了石井四郎隐瞒了研制细菌武器的真相。基于以上判断，汤普森不可能满足于既得的情报资料，而是步步紧逼，继而调查了刚刚从中国逃回的北野政次。汤普森面对的是石井四郎和北野政次，两任七三一部队部队长，都是陆军军医中将，正是他们直接策划、组织和实施了七三一部队的细菌战、人体实验等反人类、反人道、反伦理的战争犯罪。因此汤普森对他们的调查，正是看准了调查的目标和方向，围绕七三一部队的核心人员开展问讯，使得美军找到了捷径而又易于达到预期目的。七三一部队虽然已经灭亡，但他们逃回日本以后在金泽大学、野间神社等地成立了相当于战后总部的机构，石井四郎的命令对于七三一部队成员依然能够起到决定性作用，因此石井四郎可以随时通过部队长的身份联络有关成员串供，也可以命令他们寻找美军关注的情报资料。此时的石井四郎对美军调查细菌战的初衷并不完全了解，担心这些调查内容会成为东京审判的“呈堂证供”。当然，美军也不会轻易相信石井四郎，更不会满足于此，随后的情报说明了这一点。

1946年2月5日到3月11日之间，汤普森中校多次问讯石井四郎等人，于

5月31日撰写了编号为765017的调查报告《关于日本细菌武器的报告》[1]。这个报告共有48页，石井四郎向汤普森供述了其详细的从军履历、教育背景及出国考察细菌战情况，以及关东军防疫给水部的体制、配置、任务和职责等情况。石井四郎向汤普森提供了《平房工作大纲》，也就是七三一部队平房本部的研究计划，主要内容是预防药物研究、诊断研究、疗法研究、现场消毒研究、药物和化学品研究、衣服及食品替代品研究、野外纯净水供应及运输研究，以及预防医学、疫苗生产、治疗血清、诊断性抗原体、诊断血清、细菌炸弹研究等。[2]

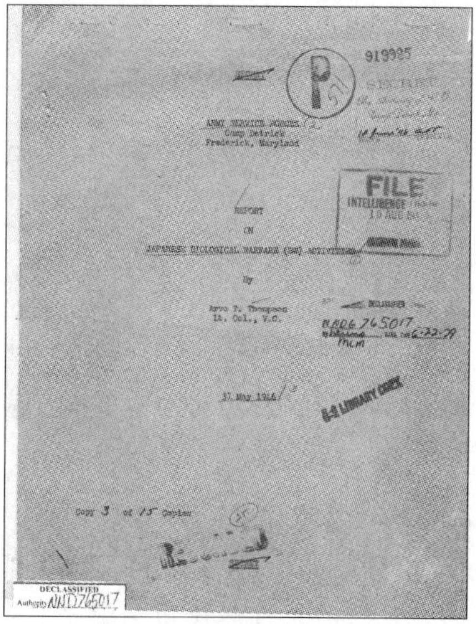
919985
ARMY SERVICE FORCES
Camp Detrick
Frederick, Maryland
FILE
INTELLIGENCE
REPORT
ON
JAPANESE BIOLOGICAL WARFARE (BW) ACTIVITIES
By
Arvo T. Thompson
Lt. Col., V.C.
NND 765017
31 May 1946
G-2 LIBRARY
Copy 3 of 15 Copies
DECLASSIFIED
Authority NND765017

图5–3　汤普森报告封面。

从《汤普森报告》记载来看，石井四郎面对汤普森的问讯提供了大量的有价值的信息，美军得到了七三一部队人员配置、组织构成、研究范围、规模和进展情况，以及细菌战、人体实验等有关信息。通过多次问讯石井四郎，汤普森得到了比第一次更多而又重要的情报，这一秘密过程于今已不得而知，但石井四郎从避谈细菌战、人体实验到积极配合汤普森的调查，短时期内有此巨大变化，除了美军施加的压力之外，笔者认为石井四郎应是得到了“（调查）不会作为战争罪行证据来使用”[3]的某种暗示。汤普森中校也对石井

① 第441号反情报部队有关石井四郎的报告. 马里兰州：美国国家档案馆Ⅱ馆. 319号记录组，184B条目，549盒.

② 第441号反情报部队有关石井四郎的报告. 马里兰州：美国国家档案馆Ⅱ馆. 319号记录组，184B条目，549盒.

③ 消息C52423. 苏联证人川岛与唐泽确认日军细菌人体实验，其中石井被认为是“实地审讯”，石井同意描述生物武器计划以作为交换条件谋求豁免. 马里兰州：美国国家档案馆Ⅱ馆. 331号记录组，1901条目，1盒.

四郎提供的信息进行了分析。汤普森已经知道七三一部队成员之间进行了秘密串供，七三一部队所有的文献资料并没有被完全销毁，而是被藏在了某个地方，石井四郎供述中缩小了细菌战活动的范围，以及掩盖了研究进攻性细菌武器的事实。

汤普森在总结中写道：

1. 由于细菌武器的研发被限制在军事范围内，因这一限制使其未能充分利用日本的科研能力，并且在各军事部门之间缺少协作，这些都阻碍了细菌武器发展成为一种实用性武器的进程。

2. 即使一种实用的细菌武器得以研发成功，日本因为害怕遭到生化武器的报复而不太可能使用细菌武器。根据目前所知，日本并没有得到关于美国细菌武器方面的信息。”[①]

据目前已知的历史事实，在细菌武器研制进程中得到了关东军、参谋本部等多方支持，并同东京陆军军医学校、关东军第一〇〇部队、关东军第五一六部队合作进行细菌武器和化学武器研究，同时得到了东京帝国大学、京都帝国大学以及多所日本医学院校的支持与合作，也就是说不仅军事部门之间有广泛的协作，而且学术界也有广泛的参与，从汤普森的总结中可以看出其并没有全面了解日本细菌武器研究的实际情况，汤普森还赤裸裸地承认了美国开展了细菌武器的研究。

汤普森对于使用细菌武器的总结使笔者感到疑惑，美军已经完全清楚七三一部队进行细菌实战的情况，汤普森本人似乎对此持有怀疑。实际上美国情报部门早已确认了日本在中国实施了细菌实战，而且中国国民政府的外交部、卫生署等部门在1940年就已经向美国提供了日本在浙江进行细菌战的情报信息，其中有《1940年浙江北部鼠疫起源报告》和《日军企图在中国实

---

① 第441号反情报部队有关石井四郎的报告. 马里兰州：美国国家档案馆Ⅱ馆. 319号记录组，184B条目，549盒.

施细菌战》两份文件。美国驻华使馆也在中国战场上搜集了有关细菌战方面的情报，包括《关于1941年冬季的鼠疫情况》《利姆博士从重庆发出的信件中有关鼠疫内容的摘录》《呈递美国当局的第1号流行病学报告：要求给予中国以医疗救助》《雷·切斯利关于1941年末、1942年日本在中国发动战争的报告》等。也就是说，美国情报部门并没有将日本细菌实战的情报与来自德特里克基地的汤普森共享。

费尔的调查

1947年4月5日，美国国防部派遣诺伯特·费尔博士前往东京继续调查日本细菌战情况。[①]诺伯特·费尔，毕业于美国芝加哥大学，博士，以微生物学、传染病学为主要研究内容，美国德特里克基地植物实验部主任，曾先后问讯了石井四郎、增田知贞、金子顺一、内藤良一、若松有次郎等人。

1947年5月15日，国防部给费尔发了一封电报，设定了费尔问讯的内容：

1. 以下问题是罗曼医生准备的，以供费尔博士在审问期间使用。

2. 日本毁灭农作物实验主要指的是哪些农作物？

3. 研究的是什么植物病虫害？微生物或昆虫？

4. 是否企图通过破坏行动或直接通过飞机将化学药剂运用于这些农作物进行攻击？

5. 实验室工作在哪里开展？

6. 参与其中的技术人员主要有哪些？他们之前的职务是什么？

7. 是否开展了野外实验？大规模还是小规模？通过投掷试管培养液还是使用炸弹或飞机进行喷洒？如果是后者中的一个，那么为此研发了什么样的器械？

---

① 美国陆军化学战争局派诺伯特．费尔博士前往东京调查日本科学家．马里兰州：美国国家档案馆Ⅱ馆．319号记录组，154条目，1盒．

8. 计划如何将这些化学药剂散布于农作物中?

9. 是否注重防御措施，如喷洒事先经过处理的农作物?

10. 实验中是否对农作物运用了石油、毒气、毒药或除草剂?

11. 是否通过纵火或喷洒等处理措施开展了烧毁农作物或植被的实验?

12. 细菌战研究所或附近地区是否存在实验场或野外实验基地?规模如何?是否与其他农场隔离?种植哪些农作物?

13. 你是否看见有人在实验基地工作，如对植物进行喷洒或撒药?是否有农作物枯死或变色?是否有飞机在上面低空飞行?

14. 你是否了解这些基地的谷物或蔬菜用来喂养动物或人?

15. 细菌战研究所中的技术人员是否包括农学家、植物病理学家、生物学家、作物培养学家或昆虫学家?

16. 战前是否在日本使用过这些化学除草剂?如有，曾使用过什么(化学)物质?这些物质是否在战争中使用过?

17. 你知道或者认识哪些农作物病虫害?这些病虫害是否对细菌战研究所附近的地区造成了严重损害?①

从美国国防部设置的问讯内容来看，美军开始特别关注植物细菌战的有关情报，植物细菌战与农学家、生物学家、昆虫学家之间的关系，以及人或动物在植物细菌战中的防御、应对和影响等问题。从另一方面看，美国已经将植物细菌战的情报作为主要调查内容，可以断定人体实验、细菌实验情报是美军最初关注的内容，随着问讯的深入已经初步达到了预期目的。费尔于1947年6月20日完成了调查总结报告《日本细菌战活动最新资料概要》②，这个总结报告涵盖了由19人撰写的细菌战活动报告书、关于农作物疾病研究方

① 消息W98097. 对消息C52423有关细菌武器对农作物的野外实验17个问题的答复. 马里兰州：美国国家档案馆Ⅱ馆. 331号记录组，1901条目，1盒.

② 日本细菌战活动的最新资料概要. 马里兰州：美国国家档案馆Ⅱ馆. 175号记录组，67A4900条目，196盒.

面的报告以及石井四郎撰写的关于整个细菌战项目的论文；而且费尔接收了七三一部队提交的8000个病理切片，700余页的印刷资料，另外还有七三一部队进行炭疽、鼠疫、伤寒、甲乙型副伤寒、痢疾、霍乱、马鼻疽菌的人体实验数据报告。

希尔和维克多的调查

1947年10月，美军德特里克基地派出埃德温·希尔博士和约瑟夫·维克多（Joseph Victor）博士前往日本调查细菌战。希尔，美国德特里克基地基础科主任，微生物学家；维克多，美国病理学家，他们在10月29日至11月25日对石井四郎、北野政次、太田澄和增田知贞等22人进行了问讯，根据问讯记录撰写了《细菌战调查的总结报告》。该报告全文77页，详细记载了调查目的和方法以及取得的新情报，希尔于1947年12月将其提交给美国国防部。

希尔调查的目的是对桑德斯、汤普森、费尔等人的补充调查，进而证实七三一部队提交的各项报告的准确性和完整性。希尔在最后总结中写到：

调查中收集的证据很大程度上补充、完善了之前所获得的信息，这是日本科学研究人员花费几百万美元历经数年获得的研究成果。这些数据都是通过接种细菌传染病病原体获得的人体感染率，由于进行这种人体实验会受到良心的谴责，所以在我们（美国）的实验室里无法获得。为获得这些数据，我们花费了25万日元，但是这与实际研究的成本相比，实在微不足道。

从希尔报告中可以确认美国为得到这些细菌战数据资料支付了25万日元，这也是美日之间交易的一项重要证据文件，希尔完成调查之后，日美之间的交易也就接近了尾声。

日美秘密交易完成

1947年2月7日，苏联检察官向远东国际军事法庭要求问讯石井四郎、菊池齐、太田澄等3人，驻日盟军总司令麦克阿瑟给华盛顿联合参谋部发去电文：

这个要求是根据战犯提供的信息提出的，他们声称由上述3名日本人授权和实施的实验造成了2000名中国人的死亡。根据他们的信息，在场的苏联人要求由美国授权追加战争罪行的审判，苏联人同时也承认他们对日本的伤寒、霍乱、斑疹伤寒研究及活动情况感兴趣。我们这边得出的结论是，苏联人不可能从日本人那里获得连美国都不知道的信息，并且美国可以从苏联人的问讯行动中获得其他资料。[①]

3月21日，华盛顿联合参谋部回复了麦克阿瑟2月7日的电文："根据以下条件，准许苏联就细菌战问题对石井四郎、陆军大佐太田澄和菊池齐进行问讯。"[②]"在苏联问讯之前，必须指示日本细菌战专家，不得向苏联提及美国在这个方面的问讯情况。"[③]据此，在问讯日本细菌战有关人员方面美国同意了苏联的请求，但为独占日本细菌战资料事先同石井四郎等人达成默契，既不得透露美军曾问讯过石井四郎等人，又不得向苏联透露重要的细菌战情报信息。

5月6日，远东司令部向美国国防部发了一封军事急电，编号是52423，电文分成5部分，内容如下：

1. 从日本人那里获得的报告书再此确认了苏联呈给美国的审讯资料包含

---

① 国务院－陆军部－海军部协调委员会351／D号文件的附件．马里兰州：美国国家档案馆Ⅱ馆．153号记录组，145条目，73盒．

② 消息W94446，有关美国在苏联问讯之前约见菊池、太田和石井的介绍．马里兰州：美国国家档案馆Ⅱ馆．331号记录组，1901条目，1盒．

③ 消息W94446，有关美国在苏联问讯之前约见菊池、太田和石井的介绍．马里兰州：美国国家档案馆Ⅱ馆．331号记录组，1901条目，1盒．

了有关苏联战俘川岛（清）和柄泽（十三夫）的报告书。

2. 3名日本人知晓并描述同是经石井四郎默认的人体实验；针对中国军队实施的野外实验至少在三个地方发生。由可靠线人提供的报告中指出了研究项目的实验规模，1945年8月在平房销毁了400千克的干燥微生物，开展了植物细菌战的研究。石井四郎作出的不情愿的声明表明他有上级（可能是日本陆军参谋本部），且上级知晓并授权该研究项目。石井四郎声称如果以书面形式豁免他、上级及其部下的战争罪行，那么他可以详细描述该研究项目。石井四郎还声明，他拥有大量的高级理论知识，包括细菌战在防御和进攻方面的战略和战术的运用，研究用于远东地区的最佳细菌战剂，以及细菌战在寒冷地区的使用。

3—A. 到目前为止，通过问讯，利用日本对苏联的畏惧以及同美国合作的愿望获得了报告书。大部分资料包括珍贵的人体实验、细菌战技术资料，以及细菌战毁灭农作物的研究资料，或许也可以通过这种方式从那些不希望遭受战争罪行审判的日本军人那里获得。

3—B. 其他包括从石井四郎那里获得的报告书等资料，可以通过告知相关日本人以下消息来获得，即相关资料将通过情报渠道进行留存，不会作为战争罪行证据来使用。

3—C. 包括石井四郎及其上级的计划和理论资料等，或许可以通过书面豁免石井四郎及其同伙罪行的方式来获得。

4. 根据国防部94446号来电的内容，上述内容不会影响即将被苏联掌握的联合问讯资料。

5. 远东司令部建议采用3—B所述的方法。请尽快回复。[①]

---

① 消息C52423. 苏联证人川岛与唐泽确认日军细菌人体实验，其中石井被认为是“实地审讯”，石井同意描述生物武器计划以作为交换条件谋求豁免. 马里兰州：美国国家档案馆Ⅱ馆. 331号记录组，1901条目，1盒.

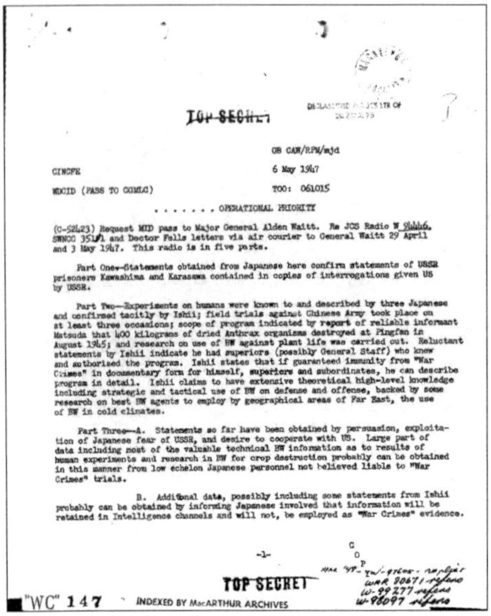

TOP SECRET

GB CAW/RPM/mjd

CINCFE 6 May 1947

WDCID (PASS TO CGMLC) TOO: 061015

. . . . OPERATIONAL PRIORITY

(C-52423) Request MID pass to Major General Alden Waitt. Re JCS Radio W 94446. SWNCC 351/1 and Doctor Fells letters via air courier to General Waitt 29 April and 3 May 1947. This radio is in five parts.

Part One—Statements obtained from Japanese here confirm statements of USSR prisoners Kawashima and Karasawa contained in copies of interrogations given US by USSR.

Part Two—Experiments on humans were known to and described by three Japanese and confirmed tacitly by Ishii; field trials against Chinese Army took place on at least three occasions; scope of program indicated by report of reliable informant Matsuda that 400 kilograms of dried Anthrax organisms destroyed at Pingfan in August 1945; and research on use of BW against plant life was carried out. Reluctant statements by Ishii indicate he had superiors (possibly General Staff) who knew and authorized the program. Ishii states that if guaranteed immunity from "War Crimes" in documentary form for himself, superiors and subordinates, he can describe program in detail. Ishii claims to have extensive theoretical high-level knowledge including strategic and tactical use of BW on defense and offense, backed by some research on best BW agents to employ by geographical areas of Far East, the use of BW in cold climates.

Part Three—A. Statements so far have been obtained by persuasion, exploitation of Japanese fear of USSR, and desire to cooperate with US. Large part of data including most of the valuable technical BW information as to results of human experiments and research in BW for crop destruction probably can be obtained in this manner from low echelon Japanese personnel not believed liable to "War Crimes" trials.

B. Additional data, possibly including some statements from Ishii probably can be obtained by informing Japanese involved that information will be retained in Intelligence channels and will not, be employed as "War Crimes" evidence.

-1-

C O P

TOP SECRET

"WC" 147 INDEXED BY MacARTHUR ARCHIVES

图5–4　日美交易文件。

（美国国家档案馆Ⅱ馆藏）

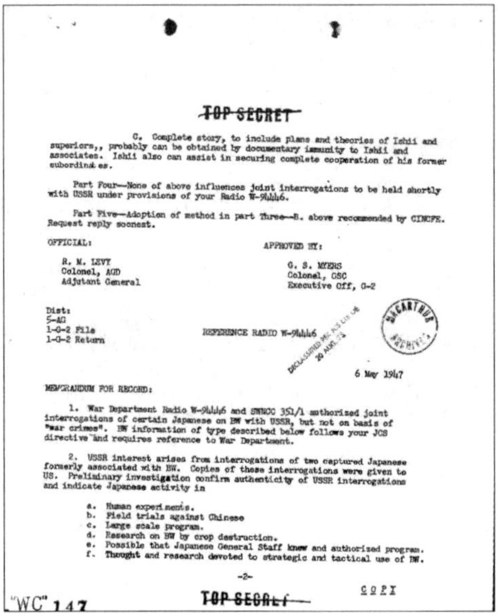

TOP SECRET

C. Complete story, to include plans and theories of Ishii and superiors,, probably can be obtained by documentary immunity to Ishii and associates. Ishii also can assist in securing complete cooperation of his former subordinates.

Part Four—None of above influences joint interrogations to be held shortly with USSR under provisions of your Radio W-94446.

Part Five—Adoption of method in part Three—B. above recommended by CINCFE. Request reply soonest.

OFFICIAL: APPROVED BY:

R. M. LEVY　G. S. MYERS
Colonel, AGD　Colonel, GSC
Adjutant General　Executive Off, G-2

Dist:
5-AG
1-G-2 File
1-G-2 Return

REFERENCE RADIO W-94446

6 May 1947

MEMORANDUM FOR RECORD:

1. War Department Radio W-94446 and SWNCC 351/1 authorized joint interrogations of certain Japanese on BW with USSR, but not on basis of "war crimes". BW information of type described below follows your JCS directive and requires reference to War Department.

2. USSR interest arises from interrogations of two captured Japanese formerly associated with BW. Copies of these interrogations were given to US. Preliminary investigation confirm authenticity of USSR interrogations and indicate Japanese activity in

a. Human experiments.
b. Field trials against Chinese
c. Large scale program.
d. Research on BW by crop destruction.
e. Possible that Japanese General Staff knew and authorized program.
f. Thought and research devoted to strategic and tactical use of BW.

-2-

TOP SECRET　COPY

"WC" 147

图5–5　日美交易文件。

（美国国家档案馆Ⅱ馆藏）

在电文之后有一个备忘录记载了美军和苏军对石井四郎等人进行了联合问讯，苏联将问讯资料转交给了美国，并对人体实验、野外实验、农作物细菌战、细菌战战略、战术思想等有关内容表现出了极大的关注。美军情报也作出评述："有关上述话题的详细资料对美国来说具有非常珍贵的情报价值，国防部的代表费尔博士说到，美国并不知道那些新证据。"[①]从这个记录来看，石井四郎也没有完全遵从美国人的意见，而是供述了一些美国人也不知道的情报，以凸显细菌战资料的唯一性和重要性，试图增加其取得豁免权的可能性。"可以通过告知相关日本人以下消息来获得，即相关资料将通过情报渠道进行留存，不会作为战争罪行证据来使用。"这是驻日美军向国防部明确提出为了得到细菌战、人体实验数据资料，可以将此前和此后的问讯不作为战争

① 消息C52423．苏联证人川岛与唐泽确认日军细菌人体实验，其中石井被认为是"实地审讯"，石井同意描述生物武器计划以作为交换条件谋求豁免．马里兰州：美国国家档案馆Ⅱ馆．331号记录组，1901条目，1盒．

罪行证据，并且进一步提出了“通过书面豁免石井四郎及其同伙罪行的方式来获得”[①]。而此前得到的资料是从那些愿意与美国合作、试图逃脱战争审判的人那里获得的，但是七三一部队石井四郎等人还有大量的细菌战资料，美军希望得到全部资料。为此，在实际问讯中美军曾多次表示或暗示七三一部队成员，问讯所得之资料、情报不会作为犯罪证据使用。从另外一个角度来看，问讯人多来自美国德特里克基地的科学技术人员，问讯内容多为细菌武器、细菌战术及实验效果，笔者认为自美军问讯七三一部队成员之初，就主要关注日本细菌战技术情报资料，没有将战争犯罪取证作为调查内容。驻日美军同时明确豁免石井四郎等人产生了非常良好的效果，即美国想要的“完全合作”。对于这个请求，国防部直到1948年3月13日才回复。

美国国防部于6月3日向远东司令部法律事务部发去电文：“必须将所有可能针对石井四郎或其部队成员所犯的战争罪行的证据，或指控的详细资料通过电报形式以最快的速度提供，特别是目前美国当局掌握了哪些针对美国已保证豁免其罪行的石井四郎或其部队成员的罪证。我们的盟国中哪些国家提出了对石井四郎及其部队成员的战争罪行的控诉？石井四郎或其部队成员是否包括正在等待审判的重大日本战犯？”[②]

远东司令部法律事务部于6月6日回复了美国国防部的电文：

1. 法律事务部有关石井四郎及其部下的报告和文件都是由匿名信件和传真组成的。目前，法律事务部对在中国实施细菌战项目的有关人员进行了问讯，并没有足够的证据来支持对其战争罪行的指控。同时，在这些不确凿的指控中，所谓的受害者，指的是被用于细菌实验的囚犯、农民以及平民。日

① 消息C52423. 苏联证人川岛与唐泽确认日军细菌人体实验，其中石井被认为是“实地审讯”，石井同意描述生物武器计划以作为交换条件谋求豁免. 马里兰州：美国国家档案馆Ⅱ馆. 331号记录组，1901条目，1盒.

② 优先行动. 战争罪分支，CAD. 马里兰州：美国国家档案馆Ⅱ馆. 153号记录组，145条目，73盒.

本共产党声称，石井四郎细菌战部队在奉天对被俘虏的美国人实施了细菌实验，类似领域的研究也发生在东京和京都。

2. 石井四郎的部下既未受到任何战争嫌疑犯的控诉或监禁，也不存在指控他们的充分证据。石井四郎的上级可能包括正在远东国际军事法庭接受审判之人，如1939—1944年间担任关东军司令官的梅津美治郎、1934—1936年间担任关东军司令官的南次郎、1932—1934年间担任关东军参谋长的小矶国昭以及1937—1938年间担任关东军参谋长的东条英机。

3. 时至今日，我们的盟国并未对石井四郎或其同伙的战争罪行提出指控。

4. 不管是石井四郎还是其同伙都未被列入等待审判的日本重大战犯名单之中。①

1947年6月22日，美国国防部又给远东司令部法律事务部发来电文要求提供更多的信息：

现在我们有充分证据表明远东司令部法律事务部并不能保证对石井四郎及其部队提出指控和审判，在作出1947年5月6日52423号电文中所提出的决定之前，必须掌握所有有关石井四郎领导的细菌战部队参与活动的证据，而根据地面战争的相关规定这些活动将被视为战争罪行。②

美国明知七三一部队和石井四郎的行为是战争犯罪，还要求进一步确认其不能被指控和审判，没有列入重大战犯名单等情报。此时的美国为了避免细菌战资料被公开，虽在形式上还没有完全豁免，但实际上已经完全忽略了七三一部队的战争责任。因此，美国有意明确同意5月6日电文中的建议，但还是顾虑重重。

1947年6月27日，远东司令部法律事务部给美国国防部发了一封急电，

---

① 回复W99277的消息C53169. 马里兰州：美国国家档案馆Ⅱ馆. 331号记录组，1901条目，1盒.

② 传出的信息分类. 马里兰州：美国国家档案馆Ⅱ馆. 153号记录组，145条目，73盒.

提供了调查七三一部队作为战争证据的报告，并得出了“以石井四郎为首的日本细菌战部队违反了地面战争的规定，但是这条意见并没有指出该部队要因此受到指控和审判”[①]的结论。

图5–6　联合国军司令部，战后美军对日本进行美式改造的核心指挥机构，该建筑原为东京第一生命大楼。

1948年3月13日，美国参谋长联席会议给麦克阿瑟下达了指示，回复了1947年5月6日52423号电文的请求，没有按照麦克阿瑟要求的“请尽快回复”，而是时隔10个月才回复，由此可以看出美军高层对这一事件的慎重和权衡。回复内容如下：

从你管辖战区归来的技术专家提供的报告显示，到目前为止你所要求的必要信息和科学数据都已悉数获得。建议重新提交3—B和第5部分的内容以便在你需要的时候进行深入斟酌。[②]

① 消息C53663. 马里兰州：美国国家档案馆Ⅱ馆. 331号记录组，1901条目，1盒.
② 传出的信息分类. 马里兰州：美国国家档案馆Ⅱ馆. 153号记录组，145条目，73盒.

美国参谋长联席会议的电文说明了美国已经得到了日本细菌战的必要信息和科学数据，达到了历时4年秘密调查的目的，而电文中涉及的3—B和第5部分的内容前文已提及。这是美国决策层给麦克阿瑟下达的命令，可以认为美国方面最终同意了“其他包括从石井四郎那里获得的报告书等资料，可以通过告知相关日本人以下消息来获得，即相关资料将通过情报渠道进行留存，不会作为战争罪行的证据来使用”。这是技术性表述的内容，等同于以豁免石井四郎及七三一部队所有成员为条件，达到获取七三一部队全部实验资料的目的。石井四郎曾要求书面豁免其战争罪行，但美国考虑那样做可能会给美国外交和当时政府带来重大影响，采用了技术性表述，给麦克阿瑟下达了这样的命令。美国获得了七三一部队实验数据资料，石井四郎等七三一部队成员从此逍遥法外，从这一实际情况来看，这份电文可以作为美国同石井四郎秘密交易的最终认定文件。

总结

石井四郎等人为逃脱战犯审判向美军供述了七三一部队的组织结构、职责任务、人体实验、细菌战、细菌武器研究与实验、细菌战战略战术等情报信息，而这些情报信息在六十余年之后成了解密档案，客观上揭露了此前不为外界所知的关于七三一部队的历史事实，这是对日本细菌战史研究的重要补充，既有重大的学术研究价值，又有回击日本否认侵华历史的现实价值。石井四郎在供述过程中经历了从回避到配合、从片面到全面的过程，这反映了战后初期石井四郎既希望美国免除其战争责任以逃脱战犯审判，又对这种希望抱有一定的保留，担心成为战犯审判证据的复杂矛盾心理。对于石井四郎的真实态度，美国问讯人员有时有着准确的观察和判断，有时有着错误的评述和认定，汤普森中校在报告中的判断即说明了这一点。石井四郎供述的七三一部队的体制和配置、任务和职责以及固定防疫给水部、战区防疫给水部、防疫给水净化分区、细菌炸弹的研制、防御战的研究等内容都是新资料，丰富了学术界对此问题的认知。而对于情报所记录的细菌武器实验室的研究内容、毒气武器实验室的研究项目，使我们进一步认定了七三一部队的本质。石井四郎提供的《平房工作大纲》，更使我们重新认识了七三一部队的研究范围、研究领域及研究进展情况，涵盖范围从预防药物、诊断、疫苗、血清到医学、细菌学等领域，涉猎之广、范围之大都是此前资料记载中未曾体现的。

美军同七三一部队进行的秘密交易，完全没有考虑七三一部队人体实验、细菌战这些违背伦理和文明准则的犯罪行为，正如谢尔顿·H·哈里斯在《死亡工厂》一书中记述："实际上，（美国）国务院的态度是，只要不给美国带来麻烦事（即给予战犯免责之事的暴露）留下文字记录，就可以继续与石井四郎等进行交易。"美国掩盖了日本细菌战犯罪事实和战争责任，使得以石井四郎为首的七三一部队成员免予战犯起诉，这影响了东京审判的公正性和权威性，对二战期间饱受日本侵略的中国人，特别是被七三一部队用做人体实验材料的中国人、苏联人和朝鲜人及其家属来说是极大的不公正、不公平。

图5-7　川岛清少将在哈巴罗夫斯克审判中出庭。（近藤昭二编：《731部队细菌战资料集成》，柏书房，2003年）

美国谋求独占日本细菌战资料的同时，苏联也试图获取这些资料，苏联于1946年秘密审讯了七三一部队成员川岛清少将和柄泽十三夫中佐，日本细菌战问题也成了美苏两国在远东国际军事法庭上开展外交较量的组成部分，美国最终主导了东京审判，掩盖了日本细菌战的历史事实，以牺牲和剥夺中国、苏联等国利益达到了自己的预期目的。苏联坚持引渡和审判细菌战犯没有得到美国的同意，甚至没有进入调查取证的程序，在同美国的较量中完全处于下风，但这个事件带来的影响却没有因为东京审判的结束而终止，时至今日也没有完全消除。东京审判之后，苏联在哈巴罗夫斯克市对12名日本细菌战犯进行了单独的审判，将审判内容编辑成《前日本陆军军人因准备和使用细菌武器被控案审判材料》一书出版，并译成了中、英、德、日和朝鲜等国文字对外发行。重新审视苏联发起哈巴罗夫斯克审判，可以说这与美日秘密交易细菌战资料一事有着千丝万缕的联系。

图5-8　1950年，《前日本陆军军人因准备和使用细菌武器被控案审判材料》英文版。

图5-9　1950年，《前日本陆军军人因准备和使用细菌武器被控案审判材料》中文版。

第六章

旧址保护

一九三八年六月三十日，日本关东军发布了『关于设立平房特别军事区域』的一五三九号命令，自此开始七三一部队大规模营建平房特别军事区域，到一九三九年八月时，各种设施营建完成，占地总面积约为六点一平方千米。

1938年6月30日，日本关东军发布了“关于设立平房特别军事区域”的1539号命令，自此开始七三一部队大规模营建平房特别军事区域，到1939年8月时，各种设施营建完成，占地总面积约为6.1平方千米。1945年，七三一部队败逃前夕，为了销毁罪证炸毁了大部分建筑设施，形成了现在旧址的基本格局。这些建筑旧址经历了城市发展和社会变迁、人为破坏和自然损毁、企业占用和民间利用、政府保护和有效管理等复杂曲折的过程，目前存留建筑物80余处，其中有23处重点旧址纳入全国重点文物保护单位。

保护历程

七三一部队旧址形成以来，因时局的原因没有得到及时有效保护，也没有相关机构在旧址周边开展疫情预防工作。对七三一旧址的保护主要是从中华人民共和国成立之后的1950年开始的，是中央和地方各级政府共同开展的工作。1950年3月11日，东北人民政府卫生部[①]发出《为搜集日本细菌战犯罪行资料由》的通知：“哈尔滨之平房、安达之鞠家窑等地设有大规模之细菌工厂，今后对此工厂遗迹需加以警戒，不得再行破坏或修建，各地负责保管，以供将来作为有力之证据。”[②]这份档案是有关七三一旧址调查和保护的最早记录。1956年4、5月间，哈尔滨市地方史学会成员王之堃实地拍摄了七三一部

① 东北人民政府卫生部，前身为1947年成立的东北民委卫生处，是东北行政区卫生行政领导机关，主要负责卫生行政、保健、防疫、制药和宣传等工作，1948年8月改称为东北行政委员会卫生部，1949年9月改称为东北人民政府卫生部，1954年8月15日撤销.

② 辽宁省档案馆藏.东北大区卫生卷.档案编号：ZA19-1-17.

队旧址视频，共计9分10秒，这是现存最早的关于七三一部队旧址的视频资料片。这段视频资料真实地记录了七三一部队旧址被炸毁时的基本状况，包括锅炉房残迹、断壁残垣的四方楼、遍地的细菌弹片、昆虫班的围墙、人体解剖实验室等。

1957年到1981年期间，由于历史原因，特别是大跃进时期七三一部队旧址多处建筑设施被人为拆掉，建筑用砖被拆下来盖房子，钢铁材料用于大炼钢铁，锅炉房钢铁支撑架即是遭此命运，形成了现在的状况。“到了文化革命时期，无政府主义更为严重，革命委员会发动3000民兵、中学生，为寻找可利用的地下洞，竟挖地2米，不仅将残墙断壁夷为平地，而且旧址地下设施也被破坏得所剩无几。”①

图6–1　七三一部队动力班锅炉房及四方楼局部残迹。（哈尔滨市社会科学院七三一问题国际研究中心藏）

① 韩晓．关于侵华日军细菌战罪行的研究［J］．常德：常德师范学院学报（社会科学版），2003（3）．

图6–2　七三一部队动力班锅炉房残迹。（侵华日军第七三一部队罪证陈列馆藏）

20世纪80年代开始，日本发生了篡改教科书事件，大肆混淆、歪曲甚至否定日本侵华历史，军国主义思想死灰复燃，受到这一重大事件的影响，中国有关人士才开始重视七三一旧址的保护和利用工作。1982年8月，哈尔滨市地方志办公室组织的调查小组对七三一部队旧址进行调查，同时寻访了七三一部队劳工幸存者。1982年9月17日，日本作家森村诚一参观了七三一部队旧址，参观旧址之后又在北京会见了时任文化部长的夏衍，提出了保护七三一旧址的一些意见，引起了中方的重视。1982年12月25日，哈尔滨市发出政府通告《关于保护原日本关东军第七三一部队罪证旧址的通告》，随后哈尔滨市成立了平房区文物管理所，主要负责七三一部队旧址的清理、勘察、挖掘、保护和管理工作，这是地方政府首次将旧址保护工作纳入规范化轨道。

1983年3月7日，黑龙江省政府将七三一部队旧址公布为黑龙江省级文物保护单位。1985年8月15日，侵华日军第七三一部队罪证陈列馆正式对外开放。1991—1993年，七三一旧址保护工作取得了重大进展，其中22处旧址明确划定了保护范围。1995年8月15日，在本部大楼旧址东300米处建设新的陈列馆正式对外开放。1999—2001年，哈尔滨市将旧址上143户居民房、12个公企单位迁移，对部分旧址区进行清理、发掘和修缮，使11处单体旧址对外开放，开放面积为10.4万平方米。

2006年，“侵华日军第七三一部队旧址”被国务院批准公布为第六批全国重点文物保护单位，为近现代重要历史遗迹。2008—2012年，哈尔滨市推进棚户区改造工程，将七三一旧址核心区范围内288户居民迁出，黑龙江省考古研究所编制了《侵华日军第七三一部队旧址调查与勘测报告》，陕西省古迹遗址保护工程技术研究中心编制了《侵华日军第七三一部队旧址保护规划》。2012年9月，国家文物局公布七三一部队旧址进入中国世界文化遗产预备名单。

现存状况

七三一部队旧址按现存状态可分为四种类型：第一类是现存的比较完整的建筑，此类建筑结构本身较为坚固，多数是钢混结构，在战后处于利用保护状态。此类建筑主要有本部大楼、南门卫兵所、军官宿舍、昆虫培植室、细菌弹组装存储室、黄鼠地下饲养室、地下蓄水池、瓦斯实验室、瓦斯存储室等。第二类是遭到严重破坏，但仍保留外部形态，可以通过外部形态、资料记载确认其历史功能，后期虽被维修过但对整体结构并无较大改动。此类建筑有给水塔、北岗焚尸炉、冻伤实验室等。第三类是破坏严重，仅留有部分建筑结构或残迹，但根据史料可以说明其历史功能。此类建筑有动力班锅炉房、兵器班建筑等。第四类是没有得到有效保护，永久消失的遗迹，此类建筑有病毒实验室、加茂部队、日本领事馆、礼堂、酒保、运动场、东乡神社、飞机场、背荫河实验场等。按照七三一部队当时设置的功能将现存旧址分为五类进行考察：本部基础设施、细菌毒气实验设施、细菌武器研究生产设施、实验动物饲育设施和宿舍区。

本部基础设施

七三一部队本部旧址留存的基础设施主要有本部大楼、器材供应部和兵器库、南门卫兵所、锅炉房、铁路专用线、给水塔、航空班共七处旧址。

本部大楼当时被称为“一栋”，为七三一部队办公楼，是七三一部队核心指挥机构所在区域。器材供应部和兵器库当时被称为“二栋”，器材供应部负责供应七三一部队所需的各种实验器材和相关医学医疗设备，该旧址在20世纪70年代被破坏，有一部分房顶被加高，有一部分建筑被拆毁。

图6–3　七三一部队本部大楼旧址状况。（2012年，周延摄影）

兵器库是存放刀、枪、子弹等常规兵器的库房。南门卫兵所，是进入本部大楼人员接受卫兵检查的地方，是七三一部队五个卫兵所中仅存的一个。锅炉房是七三一部队本部供热和供电设施，现有一面残壁和两座烟囱保留，另有锅炉房附属设施地下回水池旧址1处、残墙旧址2处、散热孔旧址39处。

图6-4　七三一部队锅炉房遗址全貌。（2012年，周延摄影）

铁路专用线，始建于1935年，与平房火车站相连接，主要用来运输实验器材、实验动物和生活物资等。给水塔，主要用于供应七三一部队生活用水。航空班，始建于1938年，是为配合野外实验和细菌战而设立，航空班同细菌实验部在安达特别实验场和城子沟野外实验场进行了多次野外人体实验。

图6-5　七三一部队锅炉房遗址。（2012年，作者摄影）

这七处旧址是保存比较完整的本部基础设施，其设施完备、配置全面、功能齐全，分工明确，构成了武器配备、实验设施、燃料供给、野外实验于一体的综合区域，同时配备了铁路、公路、航空运输设施，为各细菌实验室提供了充足的实验条件和完善的后勤保障，涵盖了办公、供热、供电、供水、运输、通讯等，使七三一部队成为侵华日军策划、组织和实施细菌战的核心机构。

细菌毒气实验设施

七三一部队本部旧址留存的细菌和毒气实验设施主要有四方楼、特设监狱、结核菌实验室、冻伤实验室、瓦斯实验室和瓦斯储藏室旧址及焚尸炉旧址。

七三一部队第一部即细菌研究部，主要任务是开展细菌培养、实验和研究，以细菌研究科目区分设置了鼠疫班、霍乱班、伤寒班等。七三一部队专门建立了毒气实验室，开展毒气实验、研究和生产。七三一部队从事细菌实验使用了人和动物作为“实验材料”，这些“实验材料”最终都被送到焚尸炉烧毁，因此将焚尸炉作为细菌毒气实验配套设施考察。

四方楼，是七三一部队进行人体实验的核心区域，由细菌实验室3栋、4栋、5栋、6栋组成，建筑高3层，外围长约150米，宽约100米。七三一部队败逃前夕将四方楼作为主要破坏目标炸毁，当时尚余大量地表建筑残迹，经历了圈围保护、人为破坏和自然变迁，目前地表建筑已经荡然无存，只有建筑基址留存下来。以南北向的廊道为间隔，四方楼院内分成东西两院，两院各有一座“特设监狱”，建筑结构完全相同，共有2层。四方楼院内西侧为“特设监狱”7栋，主要关押“男性马路大”；东侧为8栋，主要关押“女性马路大”。结核菌实验室，是七三一部队进行结核菌研究、生产和实验的场所。冻伤实验室，是用于对人体进行冻伤实验和生产干燥式细菌的实验室，七三一部队利用“马路大”作为冻伤实验材料，用于研究冻伤的治疗方法。

图6-6　七三一部队冻伤实验室侧面状况。（2012年，作者摄影）

瓦斯实验室，是七三一部队进行瓦斯实验的地方，用于瓦斯实验的人多是被作过细菌实验的“马路大”，为了观察“马路大”的死亡症状和死亡时间，同“马路大”一起被实验的还有鸡、狗、老鼠和鸽子等。瓦斯储藏室，是与瓦斯实验室同时建立的配套设施，用于存放和储存瓦斯，建有地上一层、地下二层，圆筒状钢混结构，圆弧状顶盖，建筑主体高5.3米，最大直径13米。

七三一部队曾建有三座焚尸炉，其中一座建在四方楼西北角，用于焚烧“马路大”，七三一部队败退前夕将其炸毁，该处遗址已经完全消失，目前仅有两处焚尸炉旧址保存下来，分别是北岗焚尸炉和北洼地焚尸炉。

这些实验设施构成了七三一部队细菌实验和毒气实验的核心区域，是七三一部队和关东宪兵队互相勾结“特别移送”的目的地，大量的中国、苏

图6–7　七三一部队瓦斯存储室旧址。（2012年，作者摄影）

联和朝鲜的抗日志士被用作人体实验材料而牺牲在这里。此前多数学者认为七三一部队只是从事细菌实验和细菌战研究，而将七三一部队称为“七三一细菌部队”，这显然是不全面和不准确的。七三一部队从事细菌实验的同时，也进行了大规模毒气实验，瓦斯实验室和瓦斯储藏室旧址能够作为七三一部队进行毒气实验的直接证据。现存的细菌和毒气实验设施对于揭示七三一部队进行冻伤、伤寒、霍乱、鼠疫、结核、炭疽等实验提供了重要的实物证据，并且能够与文献记载、罪证文物相互结合，彼此印证、互为补充。在一般情况下，军事建筑配套设施建设应考虑到环境卫生、安全隐蔽等因素，焚尸炉设施应建设在核心区域之外的郊区，但七三一部队却在特别军事区域内建有三座焚尸炉，不仅数量多、规模大，而且都位于本部核心区范围内，这充分说明了七三一部队频繁使用“实验材料”进行细菌实验、毒气实验以及秘密销毁“实验材料”的历史事实。

细菌武器研究生产设施

七三一部队本部旧址留存的细菌武器研究生产设施，主要有细菌弹组装室、兵器班、细菌弹壳制造厂和城子沟野外实验场旧址。

细菌弹组装室，是组装和储存细菌炸弹的场所，其负责人是山口一孝，因此其也被称为“山口班”。细菌弹组装室由器材供应部管理，原有二层建筑五栋，现存一砖混结构长方形双层建筑，另有地下存储室两处。兵器班，主要是研究和制造细菌炸弹和细菌炮弹等进攻型细菌武器，同时对疫苗、菌苗和血清进行预防性研究和生产。兵器班原为一座四合院式的“回”字形建筑，东侧建筑是研究马血清的实验室，南侧建筑是制造小型细菌武器的高温实验室、灭菌室、研究室，西侧和北侧建筑是汽车、坦克等大型武器的库房，七三一部队败逃前将兵器班破坏。

图6-8　七三一部队兵器班遗址。（1956年，侵华日军第七三一部队罪证陈列馆藏）

细菌弹壳制造厂，是七三一部队第三部附设的机构，当时主要设有研究室、工作课和整备队。研究室主要任务是研究细菌污染条件和防疫给水设备，工作课设机械工厂、制造工厂、工具室、设计室、钢管工厂和木材厂等。第三部的主要任务是负责滤水器设备制造，以及土陶细菌弹壳和土陶滤水管的制造。细菌弹壳制造厂旧址位于今哈尔滨市南岗区平新镇（此地曾被称为“杨马架子”）。目前，细菌弹壳制造厂共有5处建筑旧址：1处为细菌弹壳制造厂办公室旧址，2处烧窑旧址和2处烟囱旧址。城子沟野外实验场是七三一部队进行各种野外细菌实验和野外毒气实验的地方，该遗址位于哈尔滨市平房区平新镇平乐村南1.5公里处，这里也是辽金时期的平乐古城遗址所在地。

七三一部队以防疫、给水的名义秘密活动，但不能掩盖其秘密研制细菌武器的历史事实，这些设施构成了细菌武器实验、研究、制造、存储和运输的完备系统，七三一部队还为细菌武器实验配备室内设施和野外设施。据调查，陶瓷细菌弹是七三一部队生产最多的细菌武器，从细菌弹壳制造厂旧址的规模和战后残留的大量陶瓷弹壳碎片分析，可以断定细菌武器的生产规模大、生产数量多，这充分说明了七三一部队是以发动细菌战争为目的开展细菌武器研究和制造的特殊部队。此外，美国解密档案《汤普森报告》（Arvo T.Thompson）记载了七三一部队进行细菌武器的研发情况，特别是对细菌炸弹的研制、实验和生产情况作了较为详细的介绍。石井四郎提供的细菌炸弹图纸，笔者认为这是七三一部队细菌生产部研制的内容，这也是细菌弹壳制造厂、细菌弹组装室和兵器班及其他部门合作研制的“成果”。

实验动物饲育设施

七三一部队为保证实验动物长期大量供应的稳定性和连续性，兴建了固定的动物饲育设施，这些设施有动物饲养室、黄鼠饲养室、昆虫培植室、马舍、牛舍、羊舍等。七三一部队饲养的动物有黄鼠、白鼠、兔子、猴子、马、牛、羊、骆驼、鹿等，全部用作细菌实验和毒气实验材料，也为生产细菌武器培植了跳蚤、虱子、臭虫、苍蝇、蚊子等传染媒介物。七三一部队留存的实验动物饲育设施主要有动物饲养室、黄鼠饲养室和昆虫培植室旧址。

动物饲养室，主要用来饲养白鼠、兔子等用来作实验的小动物，为器材供应部石井班管理，石井班班长是石井四郎的三哥畜牧技师石井三男。

图6-9　七三一部队动物饲养室旧址。（2013年，作者摄影）

黄鼠饲养室，是七三一部队专门饲养黄鼠的地方，七三一部队饲养、征集和使用最多的实验动物就是黄鼠，因此七三一部队有“老鼠部队”之称。昆虫培植室，七三一部队在此饲养虱子、臭虫、苍蝇、蚊子等，这些动物作为细菌传染媒介物而被进行多种实验。昆虫培植室旧址有南北排列的建筑三栋，南侧为“凹”字形单层建筑，中间的为“工”字形单层建筑，北侧为“一”字形双层建筑，另有部分围墙尚存。

七三一部队兴建了多处实验动物饲育设施，并通过多种途径征购大量老鼠，通过对饲育设施的规模、征购老鼠数量和实验动物的种类分析，可以得出以下结论：七三一部队以动物作为实验材料的规模大、数量多、种类广，其征集老鼠的规模远远超出了研究所需的数量，能够断定七三一部队征集老鼠的目的是制造攻击性鼠疫细菌武器和生产鼠疫疫苗这一事实。七三一部队人为捕捉和征集老鼠，进行大规模、大范围的鼠疫实验，生产了数量庞大的鼠疫菌和鼠疫武器，使七三一部队所在地哈尔滨特别是平房地区成为“火药桶”，随后爆发的鼠疫流行给哈尔滨人民带来了深重的灾难。

宿舍区

七三一部队宿舍区曾被称为“东乡宿舍”“东乡村”“士官楼”，是七三一部队军官、军医、士兵及家属的生活住宅区，目前有34栋建筑留存，全部位于今平房辖区内。

图6–10　七三一部队宿舍区旧址。（2012年，韩慧光摄影）

宿舍区建筑群由军人家属宿舍、独身宿舍、军官宿舍及供水、供热、供暖等配套设施构成，当时还设有学校、邮局、医院、图书馆、运动场、餐馆、妓院、“东乡神社”等商业、娱乐设施。七三一部队宿舍区范围之广、规模之大、设施之全是其他部队营区极为少见的，这也说明了七三一部队是一个规模庞大、经费充足、人员众多的特殊部队。七三一部队宿舍区域配备了图书馆、医院、运动场、邮局等公共服务设施，从侧面反映出七三一部队对那些所谓的“军医”“细菌专家”“实验员”等刽子手进行精神安抚和军国主义教育的影子，七三一部队试图将人体实验这种极端残忍的事实虚化，制造出与普通人平常生活无异的假象。

这些旧址的保护和利用工作纳入了哈尔滨市的总体保护规划，也同时纳入了2014年黑龙江省公布的《侵华日军第七三一部队旧址保护规划》之中。

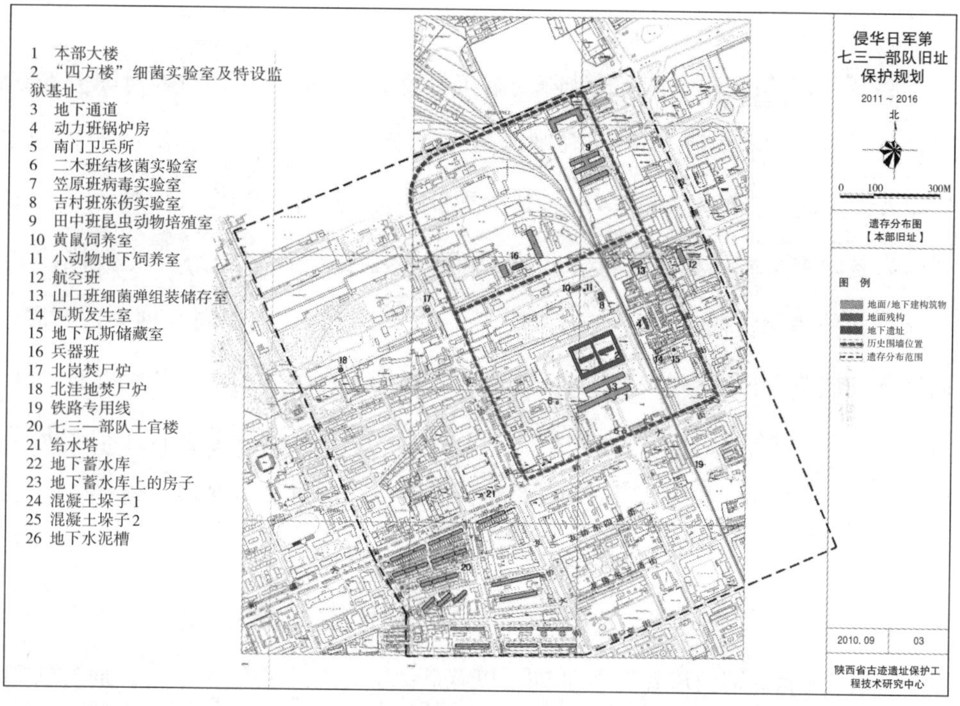

图6-11 陕西省古迹遗址保护工程技术研究中心编制的《侵华日军第七三一部队旧址保护规划》载遗存分布状况图。（侵华日军第七三一部队罪证陈列馆藏）

陈列馆

七三一部队旧址是爱国主义教育基地，国防教育基地，重点保护区面积为24.8万平方米，1997年成为“全国爱国主义教育示范基地”，2005年成为“全国百家红色旅游经典景区”，2006年成为“全国重点文物保护单位”。2011年，哈尔滨公布了《哈尔滨市侵华日军第七三一部队旧址保护条例》，使七三一旧址保护工作纳入法律轨道。2012年，七三一旧址进入中国申报世界文化遗产预备名单。七三一部队旧址的基层保护管理单位是侵华日军第七三一部队罪证陈列馆，新馆于2015年8月15日正式对外开放，展示共分为六个部分，分别是：日本细菌战、七三一部队——日本细菌战的大本营、人体实验、细菌武器研制、实施细菌战、毁证与审判。主题展览以及旧址本体展示，另外设有不定期的临时展览。

侵华日军第七三一部队罪证陈列馆实行免费开放，每年接待大量国内外参观者，以2013年为例，接待了参观者30万人次，其中中国人最多，外国人以韩国人数量最多，约有4000多人，其次是日本人，约有2000多人。以七三一陈列馆为爱国主义教育和国防教育基地，面向社会各界和广大中小学生群体，主要就日本侵华历史问题开展宣传和教育活动，依托官方和民间两种渠道开展，通过陈列展览、接待参观和互动交流等方式开展。在特殊的节日和纪念日，如清明节、国庆节、抗日战争胜利纪念日、烈士纪念日、国家公祭日还举办大规模纪念活动。另外，七三一陈列馆还通过联合展览的形式有效推广宣传，如同韩国独立纪念馆、四川成都建川博物馆、沈阳“九一八”历史博物馆、伪满皇宫博物院开展了合作办展和友好交流，与此同时，还支持在国外如日本举办的“七三一部队罪证巡回展览”等活动，以互联网、电视、报纸为平台，通过新闻报道揭露七三一部队战时罪行、战后危害和旧址保护利用进展等情况。

价值评估

长期以来，对七三一旧址保护利用状况缺少全面系统的调查与研究，致使旧址保护利用工作面临着一系列需要规范和亟待解决的问题。通过实地调查和学术研究，进一步认定了旧址的历史价值和社会价值，以及旧址所包含的历史信息和时代特点，在此基础上提出旧址保护方案及利用建议，这有助于推动旧址保护、开发和利用工作的开展，提高研究的深度和广度，也能够促进七三一陈列馆展示宣传的科学化和规范化。加强对旧址的调查和分析，开展相关对策问题的研究，有助于推动地方政府和文物管理部门加强旧址本体保护、周边环境整治、考古发掘和整体展示利用工作，使旧址保护、陈列展览和宣传教育有效结合起来，使七三一旧址真正成为爱国主义教育和国防教育基地，充分凸显维护和平、反对战争的警示性主题。

社会环境改变、城市拆迁和街区改造，致使多处旧址周边环境发生了深刻变化：有的旧址如病毒实验室、加茂部队等彻底消失；有的旧址长期被工厂占用，造成日常维护和检测工作难以及时有效开展。通过对七三一部队旧址的实地调查和综合分析，获得了一些有价值的信息资料，采集了大量数据资料并绘制了部分图纸，为揭示七三一部队整体规模、平面布局和历史功能提供了珍贵的资料，丰富了之前关于此问题的认识，这对于旧址勘探发掘和保护展示能够发挥重要作用，对于认识七三一部队旧址所承载的历史价值、社会价值和现实意义也有了新的提升，主要归纳为以下几点：

（一）旧址所包含的历史价值信息全面，证据确凿。现存旧址整体规模庞大，从人体实验到实验动物饲养，从细菌武器研究、制造到存储、运输，从进行细菌战到战争防疫等设施齐全、功能完备。

（二）旧址遗存完整、特征清晰。现存旧址物理构造、重点特征保存完好，自然风雨侵蚀退化得到了有效控制，且旧址所在地自然地貌特征无明显变化。从旧址现存状况来看，可以认定旧址的整体规模和基本形制，保持了旧址的基本特征和原有特点。

（三）七三一部队本部是集实验研究、装配制造、野外实战实验，以及物资存储、动物繁育、交通运输、军事警戒、生活保障于一体的综合区域，使这里成为侵华日军策划、组织和实施细菌战争的核心机构，是历史上规模最大的细菌武器研制的大本营，是发动细菌战争的策源地。

（四）旧址现存设施充分说明了七三一部队是以发动细菌战争为目的秘密进行细菌武器、毒气武器研制的特殊部队。七三一部队使用活人进行冻伤、细菌感染、卫生防疫等实验行为，完全体现了七三一部队反人类、反人性、反伦理的本质。

（五）七三一部队旧址是日本侵华历史的罪证，也是侵华日军销毁罪证的见证，是大批中外抗日人员、无辜平民在此罹难的纪念地，是研究日本侵华史、揭露日军暴行、细菌战与毒气战史的实物证据。

（六）七三一部队旧址是对国人进行爱国主义教育、国防教育的重要阵地，可以激发国人团结进取、奋发图强的民族精神。七三一部队旧址也可以作为世界反法西斯战争的纪念地，同波兰奥斯威辛集中营遗址、日本广岛原子弹爆炸遗址一样，以“负遗产”的形式警示世人“要和平、不要战争”。

第七章

总结与反思

二战的硝烟虽然已经散去了整整七十年，但是围绕日本的战争责任和战后遗留问题却仍处在否认与证实、狡辩与澄清、争议与纠葛的漩涡之中。

二战的硝烟虽然已经散去了整整七十年，但是围绕日本的战争责任和战后遗留问题却仍处在否认与证实、狡辩与澄清、争议与纠葛的漩涡之中。对于中日两国来说，二战历史承载着两个国家的记忆，也同样面对着国民集体无意识的现实困境，如何看待中日历史问题仍然影响着今天的两国关系。战后日本医学界由于缺少对二战期间医学犯罪的面对、反思与实践，转而选择了沉默与回避，甚至否认与激辩。虽然日本有些民间团体在坚持正义和事实，但总体来看并没有影响到日本医学界的主流声音。日本医学界表述历史问题时十分谨慎，要么语焉不详，要么竭力回避，这种态度也渐进影响到医学界的历史观，这种行为也必然会导致原本有着紧密传承的医学史出现人为的断裂。面对这种极为残酷的医学犯罪，日本医学界缺少对于国家理性、人的权利与医的道德的自省和反思，这种行为和态度也是战后日本主流社会逃避战争责任、歪曲历史的一个缩影。

医学博士的医学犯罪

以七三一部队为代表的，参与侵略中国的日军陆军医院、野战医院、师团防疫给水部所实施的赤裸裸的细菌战、人体实验、冻伤实验和活体解剖等医学暴行，战后一直被日本主流社会所掩盖和隐瞒，这是中日两国不得不面对的现实课题。据日本厚生劳动省档案记载：七三一部队由将校、士官、兵及军属四种身份构成。1945年时有中将1人、少将2人、大佐5人、中佐5人、少佐34人、大尉31人、中尉26人、少尉27人、准尉

18人、士官165人、兵1018人、军属2208人，合计3540人。七三一部队将佐一级中多为陆军军医身份，很多人毕业于日本著名大学，有博士学位，是当时日本细菌学、血清学、传染病学、昆虫学、动物学和植物学等领域的专家。如石井四郎毕业于京都帝国大学医学部，微生物学博士，发明了10余项研究专利；第二任部队长北野政次毕业于东京帝国大学医学部，医学博士；病理学家清野谦次毕业于京都帝国大学，担任了七三一部队最高顾问；川岛清毕业于东京医科大学，医学博士；诊疗部部长永山太郎，毕业于冈山大学医学部，医学博士；第一部病理研究班川上渐，毕业于京都帝国大学，病理学博士。这些毕业于日本著名大学的博士们纷纷加入了七三一部队，使得在七三一部队任职的博士群体总人数在200人以上，令人震惊的是，这些医学博士是从事人体实验、细菌战、细菌传染和卫生防疫研究的核心力量。

日本医学界的博士们作为知识分子和大众精英，本应该代表社会良知和道德走向，遵守国际法则和医学伦理，具备职业操守和担当道义责任，但是他们披着爱国主义的外衣干着人体实验和细菌战的罪恶勾当，成为军国主义群体行为的一部分，完全忽略了人性与尊严、生命与伦理、医学根本准则与医学职业道德。日本社会精英群体积极参与侵华战争，从某种意义上更反映出军国主义思想统治下的日本社会抛弃了国际公约和社会法则，完全背离了道德伦理和人道精神，走向了反人类的罪恶深渊，同时也进一步彰显出军国主义影响和裹挟的危险性。

美军在二战后以得到七三一部队细菌战、人体实验等数据情报为条件豁免了七三一部队所有成员，这些医学博士逃脱了远东国际军事法庭的审判，从此逍遥法外。这些原本应该被追究战争责任的日本战犯，战后脱掉恶魔的外衣堂而皇之地在日本政府机构、军事部门、医疗机构、学术机构和大专院校等社会各领域担任了重要职务。在政府和军事部门任职的有：炭疽班班长植村肇担任文部省教科书主任调查官，长友浪男担任了北海道副知事，金子顺一担任了防卫厅主任研究员，中黑秀外之担任了自卫队卫生学校校长，增田美保担任了防卫大学教授。在医疗机构任职的有：植物研究班班长八木泽行正、痢疾研究班班长江岛真平等在厚生省国立传染病研究所任职，病毒研究班班长笠原四郎任北里研究所副所长。在大专院校任职的有：冻伤班班长吉村寿人任京都府立医科大学校长，病理班班长石川太刀雄丸任金泽大学校长，病理班班长冈本耕造任京都大学医学部部长，昆虫班班长田中英雄任大阪市立大学医学部长，伤寒班班长田部井和、霍乱班班长凑正男任京都大学教授，X光班班长宫川正任东京大学医学部教授。另有多名七三一部队成员创办了医疗企业和私立医院，七三一部队核心成员内藤良一和结核班班长二木秀夫等合作创办了绿十字公司，聘任北野政次担任绿十字公司最高顾问、东京分社社长，聘任了新加坡南方军防疫给水部大田黑猪一郎担任绿十字公司京都分社社长；第三部部长江口丰吉、教育部长园田太郎、鼠疫班班长野口圭一等战后都建立了私人医院，对外营业。

这从另一个角度揭示了战后日本的社会构成，带有浓厚的、根深蒂固的军国主义色彩，这些逃脱审判的日本战犯，成为日本军国主义复活社会基础的组成部分。对于日本细菌战犯的处理是战后美国处理日本问题的一个缩影，正是因为没有彻底清算日本军国主义侵略罪行，没有追究天皇的战争责任，没有全面系统持续地惩治战犯、推进民主改革，为日后日本右翼势力篡改历史、美化侵略及军国主义复活留下了孽根。包括日本细菌战犯在内的大量军国主义者逃脱了战争审判，但日本永远也逃脱不了发动侵略战争的责任，中日之间的战争根源在于日本的军国主义。

来自哈尔滨的一份调查问卷

2009年，笔者指导了山东大学法学院实习项目《城市居民对七三一史实认知状况代际比较研究——以哈尔滨市为例》。该项目是以调查问卷的方式开展的，发放调查问卷300份，回收有效问卷282份，问卷发放范围是哈尔滨市道里区、道外区、香坊区和平房区；调查对象分为老年组（60～79岁）、中年组（35～59岁）和青年组（18～34岁），三个组的人数比例、性别比例大致相同；按职业区分有国家机关工作人员、事业单位员工、在校学生、自由职业者、农民、无业或失业者、退休者等。被访人员职业状况如图7–1。

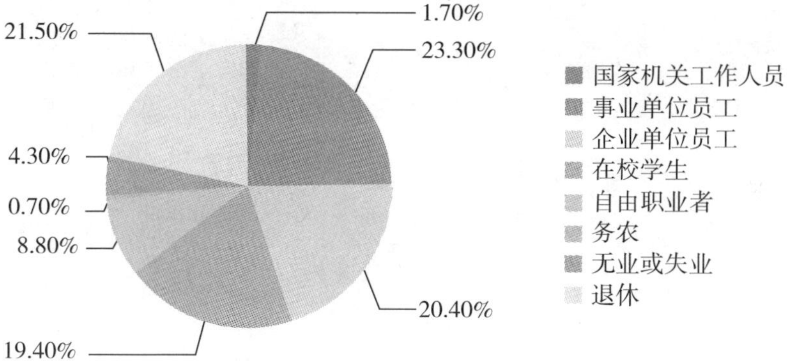

图7–1　被访人员职业状况。

问卷内容主要由三部分组成：一是哈尔滨市城市居民对七三一部队历史整体了解程度，二是市民对七三一部队旧址申遗的态度，三是市民对待历史及日本人民的态度。

哈尔滨市城市居民对七三一部队历史整体了解程度调查结果显示（见图7–2、7–3）：哈尔滨市居民有95%的人知道七三一部队，其中有21%是不太了解和略有耳闻，有36%是一般和仅知道发生过此事，有35%是比较了解，知道一些相关史实，3%是非常了解，知道详细情况；另外有5%的人回答不知道，完全不知道此事。对于七三一部队史实，旧址所在地平房区的认知程度与哈尔滨市整体认知率却非常接近：平房居民有93%的人知道七三一部队，其中有22%是不太了解和略有耳闻，有31%是一般和仅知道发生过此事，有36%是比较了解，知道一些相关史实，4%是非常了解，知道详细情况；另外有7%的人回答不知道，完全不知道此事。

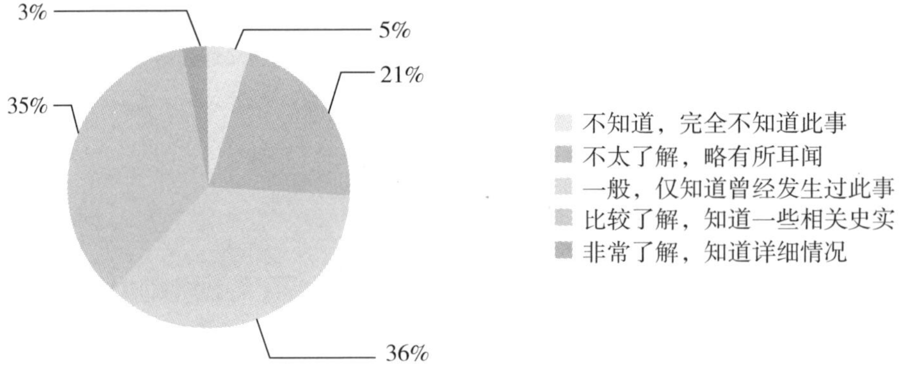

图7-2　哈尔滨市城市居民对七三一部队认知情况。

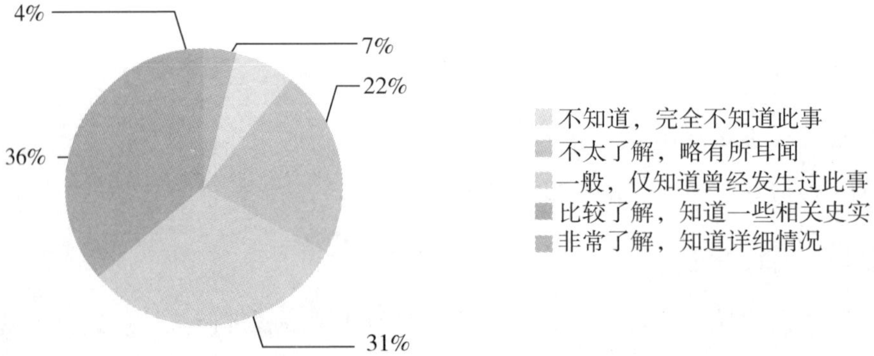

图7-3　平房区居民对七三一部队认知情况。

从图7–2、7–3的统计情况来看，哈尔滨市有57%、平房区有53%的人对于七三一部队的细菌战、人体实验犯罪和遗址保护情况不是很清楚，而且哈尔滨市5%、平房区7%的人完全不知道七三一部队的事情，这使笔者感到非常意外。对于不了解七三一部队的有关人员情况，调查组也作了专门的调查和综合分析（见表7–4）。

表7–4 市民不了解七三一史实原因调查

原因		周围人不知道	教科书没有提及	对这方面史实不感兴趣	其他	未填
年龄	18–34周岁	5	10	9	2	74
	35–59周岁	6	2	10	5	69
	60–79周岁	10	5	4	6	63
	80周岁以上	0	0	0	1	0
合计		21	17	23	14	206

通过对被访者的调查了解到，老年组、中年组、青年组回答不了解的原因有很大的差异，总体来看，更多的是教育经历和文化程度上的差异。调查结果显示，许多老年人知道七三一部队历史的主要途径是亲身经历或是家人经历，老年组不了解的主要原因是由于周围人不知道或没听说过。中年组主要是通过电视和书籍了解历史，不了解的主要原因是对这方面史实不感兴趣。青年组主要是通过网络和电视了解历史，不了解的主要原因是教科书没有提及和对这方面史实不感兴趣。

对七三一部队具体犯罪事实的调查中，哈尔滨市民认知程度比较高的是七三一部队在平房建立的细菌战基地、活体实验和散布鼠疫造成大量人员死亡的历史事实三个问题。哈尔滨市民对南方细菌战的情况了解程度比较低（见表7–5），调查显示：非常了解和比较了解南方细菌战史实的占22.5%，一般了解的占28.2%，不太了解和不知道的占48.4%。

表 7–5 哈尔滨市民对七三一部队在南方发动细菌战史实的了解程度

			年龄				总计
			18–34周岁	35–59周岁	60–79周岁	80周岁以上	
在我国南方投撒细菌，发动细菌战	非常了解	计数	25	37	0	0	62
		百分比	2.9%	4.3%	0%	0%	7.2%
	比较了解	计数	55	48	31	0	134
		百分比	6.3%	5.5%	3.6%	0%	15.4%
	一般	计数	129	69	47	0	245
		百分比	14.9%	7.9%	5.4%	0%	28.2%
	不太了解	计数	79	89	95	0	263
		百分比	9.1%	10.3%	10.9%	0%	30.3%
	不知道	计数	30	44	82	1	157
		百分比	3.5%	5.1%	9.4%	0.1%	18.1%
	未填	计数	0	7	0	0	7
		百分比	0%	0.8%	0%	0%	0.8%
总计		计数	318	294	255	1	868
		百分比	36.7%	33.9%	29.3%	0.1%	100.0%

对“七三一部队旧址申报世界遗产”问题的调查，有60.52%的人回答不知道。我们也就这一问题开展了随机调查，调查对象是到七三一部队旧址的参观者，参观者并不局限于哈尔滨市民，持支持态度和持反对态度的都有。对于这个问题，有两个比较有代表性的回答，一个持反对态度的人说：“像茶文化、饮食文化，这些可以称作文化的东西，应该是值得推崇的，然而七三一这一段血腥的历史，要把它作为一种文化推崇，实为可笑。”另外一个持支持态度的市民说：“既然波兰奥斯威辛集中营和广岛原子弹爆炸遗址可以

申报警示性文化遗产，那么七三一部队旧址也应该申请，应当为世界人民所知晓，更应该保护起来。”

调查问卷中还有哈尔滨市民对待日本态度一栏（见表7–6），依据调查情况分析，对于日本政府是造成战争的主要原因，87.4%的人持非常肯定的态度，3%的人不同意这种态度；对于“日本人民应受到世界人民的谴责”有36%的人同意这种说法，但55.5%的人不同意这种说法；对于“将日本民众与日本右翼势力区分开来”，有76.5%的人同意这种说法，但仍有15.1%的人不同意这种说法；对于“造成这场悲剧的原因也在于中国国力不强”，78.7%的人同意这种说法，16.4%的人不同意这种说法；对于“中日发展要忘记历史，重视未来”，66.9%的人不同意忘记历史，但仍有25.3%的人同意忘记历史。调查的结果能够反映出大多数哈尔滨市民能够比较理性地看待爱国主义和看待中日关系的问题，但仍有少部分市民持有非常偏激的态度。

表7–6　市民对待日本态度统计表（%）

内容	非常同意	同意	无所谓	不同意	非常不同意	未填
日本政府是造成战争的罪魁祸首	63.5	13.9	1.5	3.0	8.1	0
日本人民是历史的罪人应受到全世界的谴责	13.5	22.5	7.6	50.9	4.6	0.9
日本民众是无辜的，应该与日本右翼分子区分开来，持友好态度	19.2	57.3	7.6	13.1	2.0	0.8
落后就要挨打，造成历史的原因在于中国国力不强	31.5	47.2	4.4	13.2	3.2	0.5
中日发展要忘记历史，重视未来	8.2	17.1	6.7	47.8	19.1	1.1

来自东京的一份调查问卷

2010年，日本十五年战争医学医疗研究会吉中丈志在报告中写道："对医师在战时医学犯罪的处理问题，纽伦堡审判被告是23名纳粹医生，这23名医师导致1300多人牺牲，被判处死刑是7人，波及效果是通过了《纽伦堡纲领》。哈巴罗夫斯克审判被告是12名日本军医，这12名军医导致3000多人牺牲，没有人被判处死刑，没有形成波及效果。"

这项调查以德国和日本为视角开展，战后德国对于二战暴行经历了从沉默、回避到反思、面对这样一个过程。二战结束之后的20年间，德国对于奥斯维辛大屠杀的承认和反思从来没有间断过。1968年，反法西斯战士勃兰特出任德国总理，1970年，他做出了感动世界的"勃兰特之跪"以示谢罪，从而使德国政府以其实际行动赢得了国际社会的尊重。正如张倩红教授在《战后德国史学界对纳粹大屠杀罪行的反思》[①]一文中总结道："回顾战后德国历史学家反思大屠杀罪行的曲折历程，带给我们最重要的启迪是尊重事实、理性包容的民族心态与健康、负责任的历史意识相辅相成；正确的历史态度不仅仅是出于对受害者的关切，对国际社会的责任担当，更是德意志国家实现自我救赎、重建民族认同的必由之路。战后德国人以自己的智慧和行动告诉世人，在华沙犹太隔都起义纪念碑前跪下的是一个人，而站起来的却是整个民族，在一次次思想论证中卸下的是沉重的历史包袱，得到的却是仇恨的化解和德意志民族的光明未来。"

从德国总理的行为中使人容易联想日本领导人的行为，在"勃兰特之跪"43年之后的2013年5月12日，日本首相安倍晋三在宫城县松岛市航空自卫队基地乘坐编号为"731"的教练机，并且竖起大拇指、面带微笑让记者拍

① 张倩红．战后德国史学界对纳粹大屠杀罪行的反思．世界历史，2014（4）．

照，照片被媒体披露以后，一时间国际舆论哗然。

2010年10月10日，十五年战争医学医疗研究会在东京发出问卷调查“医学学生对七三一部队的认知状况”，17%的人知道，21%的人听说过，62%的人不知道。对于奥斯威辛的认知状况，68%的人知道，27%的人听说过，5%的人不知道。问卷中的“认为医学界应该表明证实与谢罪”的调查，应该占69%，不清楚25%，不应该6%。问卷中的“是否影响到现在的问题”的调查，回答“是”的占75%，“不清楚”的占19%，“不是”的占6%。总体来看，作为医学院的学生对于七三一部队的历史和行为认知程度普遍偏低，62%人是不知道七三一部队存在的。但对于奥斯威辛的认知情况比较高，这同战后日本一直掩盖医学犯罪有着密不可分的关系，也从侧面反映出日本医学史教育的人为回避与断裂。这些医学学生们能够比较理性地看待日本医学界“应该表明证实与谢罪”，并且绝大多数人能够认识到日本医学界的战争犯罪影响了今天的日本及其国际关系。

德国学者扬·维尔纳·米勒在《另一个国度：德国知识分子、两德统一及民族认同》中写道：“在一个没有历史的国家里，谁注入了记忆、定义了概念、解释了过去，谁就赢得了未来。”对于这些暴行的记忆和教育也成为了中日医学界乃至国民需要面对的现实课题，医学界缺失的责任意识和历史学界坚持的教育意识不可避免地产生冲突和对抗，中日学者在哈尔滨和东京开展的问卷调查有助于我们了解七三一部队对于今天和未来的影响，以及对于教育问题的反思和下一步实践的方向。我们既要关注和推动日本社会对于战争医学暴行的认知和反省，同样也要面对中国社会对于日本医学暴行历史的遗忘和漠视，这就使得国民教育和宣传交流成为必不可少的实践活动。在2014年确定的南京大屠杀国家公祭日的背景下，面对自己国民对日本暴行无意识遗忘和漠视而应采取的教育与实践显得尤为重要。

日本十五年战争医学医疗研究会编辑的《战争与医学》所载："侵华战争时期及战后对医学伦理的反省是必不可少的重要课题，尤其像日本的医学会、医生协会参与侵华战争的事实，以及日本的医学工作者和医生进行的人体实验、活体解剖等，考虑到战后也在继承这些事情，所以真诚地反省是不可缺少的。但真挚地面对七三一部队问题并从中汲取教训的努力在这60年间未曾进行过。"1947年9月，45个国家的医生会组织了"世界医生会议"，会议代表讨论过德国与日本医生会成员在二战中有残暴行径，所以作出决议德日两国医生会加入时要提出反省声明。1951年，日本医生会加入世界医生会时正式发表声明："代表日本医生的日本医生会，借此机会公然指责战争时期对敌国人进行的残酷行为，并谴责那些曾经发生过的对患者的残酷行为。"对于这段声明的评述，《战争与医学》评论道："这是作为组织唯一一次言及了这类问题，不过，这怎么也不能看成是日本医学者、医生对战争中行为的真挚反省，也不能说是从这里吸取了教训并对今后医学医疗应有的姿态，对医学伦理作出反省的内容。"今天的医学和医疗上的进步非常显著，对医学工作者的要求和约束也越来越具体，但日本医学界却仍然选择回避这样的事情，似乎期待着医生的暴行会随着时间的推移渐渐被遗忘，期待着到了那个遗忘的时候，以七三一部队为代表的医学犯罪者和他们的后人也会因此得到解脱。此时回过头来看日本医生会1951年的声明，怎么看都是为了加入世界医生会、面对公众作出的一个虚假的承认和无所谓的承诺。

昭三教授在《十五年战争中的医学犯罪与今天我们所面临的课题》一文中写道："为此参与过战争中的医学犯罪的医生、医学者，虽然感到那些行为是违反人道的，但既然没有深刻认识到这一点，他们已不可算专家，甚至出于上级集团的归属思想而进行人体实验的那些人不能称为医生，也不能称为科学家。当时虽然还未确定《纽伦堡审判规则》，即使没有相关规则，但医学伦理的不损害人命原则应该始终是医生、医学者加以判断的第一原则。”美国麦克·法兰兹布劳（MICHAEL J.FRANZBLAU)教授2003年时要求日本医学界对七三一部队问题作出深刻反省，他警告说：“避而不答七三一部队问题就等于丧失体面。”莇昭三在文章结尾处写道：“我认为日本医学界此时此刻需要深刻反省，对被敷衍过去的战争时期的医学犯罪，重新自问它到底是怎么回事……战后七三一部队问题被披露出来之后，日本医学者、医生还要袒护他们，这同他们把事实关在自己心中的自卑感也有关系。他们为什么感到自卑呢？因为他们当时已经知道石井部队在做什么，即共有公开的秘密，如果这就是他们始终沉默的理由，那么他们的沉默就是犯罪。”

大事一览

1925年6月17日	《禁止在战争中使用窒息性、毒性或其他气体和细菌作战方法的议定书》在瑞士日内瓦签署。
1927年6月	石井四郎在日本京都帝国大学取得医学博士学位。
1928年4月—1930年4月	石井四郎赴欧美搜集细菌战情报。
1932年	石井四郎晋升军医少佐。
1932年7月5日	日本陆军省批准陆军军医学校设立细菌研究室，石井四郎作为主要成员开始研究细菌武器。
1932年12月8日	日本陆军省批准经费208989日元用于扩建陆军军医学校防疫研究室。
1933年4月	关东军临时病马收容所设立细菌研究室，标志着关东军第一〇〇部队开始准备细菌战。
1933年8月	日本陆军军医学校防疫研究室秘密移驻哈尔滨市宣化街，并在今五常市背荫河镇附设细菌实验场，称加茂部队、石井部队，即为七三一部队前身。

大事一览

1934年9月23日　背荫河细菌实验场发生了东北抗日联军组织的越狱行动，人体实验的秘密被揭露。

1935年8月1日　石井四郎晋升为陆军军医中佐。

1936年　加茂部队在哈尔滨平房地区选址测量，准备大规模营建细菌战基地。

1936年6月25日　关东军防疫部正式设立，七三一部队将6月25日作为创设纪念日。

1937年　加茂部队开始研制攻击型细菌炸弹。

1938年6月30日　日本关东军司令部发布了第1539号命令“关于在平房附近设立特别军事区域”，平房特别军事区域占地面积为120平方千米，由平房镇、日本空军八三七二部队、七三一部队营区及周边区域构成，所在地居民被强制迁移或限制出入特别军事区域。

1939年　平房军事特别地区细菌战基地各项基础设施和实验设施营建完成。加茂部队陆续迁往平房军事特别地区，加茂部队旧址作为第三部继续使用。

七三一部队开始大规模研制“宇治型”细菌炸弹，并进行了大范围的野外实验。

大事一览

1939年4月18日　南京荣第一六四四部队成立。

广州波第八六〇四部队成立。

1939年7月7日　关东军司令部发布第78号作战命令，命令七三一部队携带器材前往海拉尔、将军庙一带参加诺门罕战争。在诺门罕战争中七三一部队第一次进行细菌作战，使用霍乱、伤寒、赤痢菌污染水源地，实施细菌战。

1940年3月23日　“北支那防疫给水部”编制完成，即为北京甲第一八五五部队。

1940年4月29日　加茂部队防疫给水部和第十四师团军医部编制《各部队防疫给水班工作令方案》，规定了防疫给水部的一般操作规则、编制、职责和任务有关情况。

1940年6月—11月　七三一部队参加在长春、农安进行的鼠疫防疫和野外实验。

1940年7月25日　关东军司令部下达第659号作战命令，命令关东军野战铁道司令官沿铁道输送七三一部队器材，准备开展细菌战。

1940年7月26日　关东军野战铁道司令部下达第178号作战命令，命令哈尔滨、沈阳、锦州各分部长为七三一部队输送器材。

大事一览

1940年8月1日	“关东军防疫部”变更代号为“关东军防疫给水部”。
1940年10月4日	日军在浙江衢州实施细菌战，空投染疫跳蚤以及麦子、黄豆、碎布、棉花等物品，导致衢州爆发大范围鼠疫。
1940年10月22日	日军在浙江宁波实施细菌战，空投染疫跳蚤及小麦、面粉等物品，导致宁波爆发大面积鼠疫。
1940年10月27、28日	日军在浙江金华实施细菌战，造成金华、义乌等地鼠疫流行。
1940年12月2日	关东军司令官梅津美治郎签署命令，批准关东军防疫给水部设立海拉尔支部、孙吴支部、林口支部和牡丹江支部。
1941年	加茂部队变更代号为“满洲第七三一部队”，若松部队变更代号为“满洲第一〇〇部队”，牡丹江支部为“满洲第六四三部队”，林口支部为“满洲第一六二部队”，孙吴支部为“满洲第六七三部队”，海拉尔支部为“满洲第五四三部队”。
1941年3月	石井四郎晋升为陆军军医少将。
1941年7月	关东军进行大演习，在“满洲”集结了70万兵力。

大事一览

1941年11月4日　日军对湖南常德进行细菌攻击，空投染疫跳蚤36千克以及布、帛、豆、麦、谷、棉花等物，造成常德大面积鼠疫流行。

1942年5月5日　南方军冈第九四二〇部队在新加坡成立。

1942年6—8月　日军向浙江金华、兰谿等地空投鼠疫、赤痢、霍乱等病菌，造成大量平民死亡。

1942年8月1日　石井四郎调任华北方面军第一军任军医部长，北野政次任七三一部队第二任部队长。

1942年8月　日军在江西玉山实施细菌战，散布鼠疫、霍乱及副伤寒病菌，并将细菌投放到水井、河流和食物中，造成大量村民死亡。

1943年2月　白塔堡事件，奉天宪兵队将赵宗博、史顺臣、崔炳章特别移送至七三一部队。

1943年2月15日　关东军司令部发布丙字第98号作战命令，将七三一部队派往沈阳俘虏收容所对英美战俘开展“防疫”。

1943年3月12日　关东宪兵队司令部警务部发布关宪高第120号命令《关于特别移送的通牒》，明确规定了特别移送实施的标准。

大事一览

1943年10月	大连黑石礁事件，即大连宪兵队将王耀轩、王学年、李忠善、沈德龙特别移送至七三一部队。
1945年1月1日	七三一部队编制“关东军防疫给水部留守名薄”。
1945年3月1日	石井四郎重任七三一部队长，晋升为陆军军医中将，北野政次调任“支那派遣军（上海）第十三军”任军医部长。
1945年8月9—14日	七三一部队销毁细菌战、人体实验等战争犯罪证据，炸毁本部及支部主要建筑设施，仓惶溃逃。
1945年8月15日	日本宣布无条件投降。
1945年9月9日	日本代表在南京签字，向中国政府投降。
1945年9—10月	美国派遣德特里克基地桑德斯中校调查日本细菌战，桑德斯完成了《日本科学情报调查报告》。
1946年2月	美国派遣德特里克基地汤普森中校问讯石井四郎、北野政次、太田澄和内滕良一等七三一部队核心成员，汤普森完成了《关于日本生物战研究和准备状况的报告》。

大事一览

1949年12月25—29日	苏联在哈巴罗夫斯克设立军事法庭，对12名日本细菌战战犯进行公开审判，即伯力审判。审判记录编辑成《前日本陆军军人因准备和使用细菌武器被控案审判材料》一书出版，并译成中、英、德、日、朝鲜等国文字发行。
1956年6—7月	中国最高人民法院特别军事法庭在沈阳和太原开庭公开审判45名日本战犯，其中包括审判七三一部队林口支部长榊原秀夫等人。
1956年10月9日	石井四郎病死于东京。
1957年11月15日	七三一部队成员金田康志等人筹建七三一部队战友会——“房友会”，并编辑内部杂志《房友》。
1958年	七三一部队成员在东京多磨墓地建立“精魂塔”，成立七三一部队战友会——“精魂会”。
1981年7月19日—10月3日	日本作家森村诚一撰写的《魔鬼的乐园》在《赤旗报》连载。
1981年10月	美国记者约翰·威廉·鲍威尔（John William Powell）在《原子科学家公报》上发表《一段被隐瞒的历史》一文，披露了日美交易的历史事实。

大事一览

1981年11月	森村诚一撰写的《恶魔的饱食》发行，并被译成中、英、俄等国文字，揭露了七三一部队进行细菌武器研究、人体实验的历史事实，在国际社会引起了强烈反响。
1982年12月1日	哈尔滨市平房区文物管理所成立，开始全面保护七三一部队旧址。
1983年	七三一部队旧址成为黑龙江省级文物保护单位。
1984年	日本文部省删除了教科书中关于七三一部队的记述。
1985年8月13日	英国独立电视台播出了纪录片《七三一部队：天皇知道吗？》。
1985年8月15日	侵华日军第七三一部队罪证陈列馆正式对外开放。
1988年	电影《黑太阳七三一》公映。
1989年7月	日本陆军军医学校遗址处发现人骨，9月成立“陆军军医学校人骨问题研究会”。
1989年9月	中央档案馆等编辑出版了《日本帝国主义侵华档案资料选编——细菌战与毒气战》。 吉见义明将手抄的《井本日志》在《朝日新闻》上发表。

大事一览

1995年2月	日本民间成立日遗化武问题调查团。
1995年7月31日	黑龙江省社会科学院与日本日中友好协会在哈尔滨举办了“反对侵略，维护和平”座谈会。 七三一部队展开始在日本巡回展览。
1995年8月15日	侵华日军第七三一部队罪证陈列馆新馆建成，重新布展后对外开放。
1995年12月	中国民间自发组织日本细菌战受害者团体起诉日本政府，日本律师协会成员土屋公献、一濑敬一郎等人赴浙江、湖南等地进行调查、取证，协助中国受害者进行对日诉讼。
1997年10月	金成民在黑龙江省档案馆首次发现特别移送档案。
1999年8月2日	黑龙江省人民政府召开新闻发布会公布特别移送档案。
1999年12月	日本民间成立“七三一部队旧址登录世界遗产研究会”。 七三一部队展和毒气展合二为一，改名为“ABC企画委员会”，A指核武器（Atomic）、B指细菌武器（Biological）、C即化学武器（Chemical）的英文缩写。
2000年7月	哈尔滨市社会科学院与哈尔滨电视台共同完成了赴日本跨国取证，采访七三一部队成员二十余人。

大事一览

2001年4月28日　哈尔滨市社会科学院设立七三一研究所，专门从事七三一部队相关问题的研究与交流工作。

2001年9月6日　吉林省档案馆召开新闻发布会公布新发现的特别移送档案。

2001年9月18日　湖南文理学院细菌战罪行研究所成立。

2001年10—11月　七三一部队遗址保护开发领导小组与哈尔滨报业集团共同完成了赴日本的第二次跨国取证。

2002年8月27日　日本东京地方法院作出一审判决，承认二战期间日军实施细菌战杀害中国人民的历史事实，但驳回了侵华日军细菌战中国受害者的赔偿请求。

2002年12月7—9日　湖南文理学院举行"细菌战罪行国际学术研讨会"。

2005年9月3日　哈尔滨市社会科学院主办的首次侵华日军细菌战与毒气战国际学术研讨会在哈尔滨召开。

2006年　七三一部队旧址被列为全国重点文物保护单位。

2006年10月18日　哈尔滨市社会科学院与韩国碑林园、韩国忠清大学联合举办的第二次七三一部队罪行国际研讨会在韩国清州召开。

大事一览

2006年11月18—19日	湖南文理学院和世界抗日战争史实维护联合会联合主办的“日本细菌战罪行国际学术研讨会”在湖南常德召开。
2007年9月4—5日	哈尔滨市社会科学院与蒙古国防大学联合主办的“历史的教训和当今时代——二战期间化学和细菌武器实验国际研讨会”在蒙古国乌兰巴托市召开。
2008年7月	黑龙江电视台拍摄的七三一部队专题纪录片《不灭的记忆》在黑龙江电视台播出。
2008年9月18日	哈尔滨市社会科学院与侵华日军第七三一部队罪证陈列馆联合主办的第四次七三一部队罪行国际学术研讨会在哈尔滨召开。
2010年	黑龙江电视台拍摄的纪录片《日本细菌战》(1～8集)在中央电视台播出。
2012年	七三一部队旧址进入中国世界文化遗产预备名单。
2014年2月27日	十二届全国人大常委会第七次会议决定将9月3日设立为中国人民抗日战争胜利纪念日、12月13日设立为南京大屠杀死难者国家公祭日。
2015年8月15日	侵华日军第七三一部队罪证陈列馆新馆正式对外开放。